2　Genetik

3　Allgemeine Mikrobiologie und Ökologie

Index

Dr. Sebastian Huss
Biologie Band 2
MEDI-LEARN Skriptenreihe

6., komplett überarbeitete Auflage

Für Muriel

MEDI-LEARN Verlag GbR

Autor: Dr. Sebastian Huss
Fachlicher Beirat: Jens-Peter Reese

Teil 2 des Biologiepaketes, nur im Paket erhältlich
ISBN-13: 978-3-95658-002-4

Herausgeber:
MEDI-LEARN Verlag GbR
Dorfstraße 57, 24107 Ottendorf
Tel. 0431 78025-0, Fax 0431 78025-262
E-Mail redaktion@medi-learn.de
www.medi-learn.de

Verlagsredaktion:
Dr. Marlies Weier, Dipl.-Oek./Medizin (FH) Désirée Weber, Denise Drdacky, Jens Plasger, Sabine Behnsch, Philipp Dahm, Christine Marx, Florian Pyschny, Christian Weier

Layout und Satz:
Fritz Ramcke, Kristina Junghans, Christian Gottschalk

Grafiken:
Dr. Günter Körtner, Irina Kart, Alexander Dospil, Christine Marx

Illustration:
Daniel Lüdeling

Druck:
A.C. Ehlers Medienproduktion GmbH

6. Auflage 2014
© 2014 MEDI-LEARN Verlag GbR, Marburg

Das vorliegende Werk ist in all seinen Teilen urheberrechtlich geschützt. Alle Rechte sind vorbehalten, insbesondere das Recht der Übersetzung, des Vortrags, der Reproduktion, der Vervielfältigung auf fotomechanischen oder anderen Wegen und Speicherung in elektronischen Medien.
Ungeachtet der Sorgfalt, die auf die Erstellung von Texten und Abbildungen verwendet wurde, können weder Verlag noch Autor oder Herausgeber für mögliche Fehler und deren Folgen eine juristische Verantwortung oder irgendeine Haftung übernehmen.

Wichtiger Hinweis für alle Leser
Die Medizin ist als Naturwissenschaft ständigen Veränderungen und Neuerungen unterworfen. Sowohl die Forschung als auch klinische Erfahrungen führen dazu, dass der Wissensstand ständig erweitert wird. Dies gilt insbesondere für medikamentöse Therapie und andere Behandlungen. Alle Dosierungen oder Applikationen in diesem Buch unterliegen diesen Veränderungen.
Obwohl das MEDI-LEARN Team größte Sorgfalt in Bezug auf die Angabe von Dosierungen oder Applikationen hat walten lassen, kann es hierfür keine Gewähr übernehmen. Jeder Leser ist angehalten, durch genaue Lektüre der Beipackzettel oder Rücksprache mit einem Spezialisten zu überprüfen, ob die Dosierung oder die Applikationsdauer oder -menge zutrifft. Jede Dosierung oder Applikation erfolgt auf eigene Gefahr des Benutzers. Sollten Fehler auffallen, bitten wir dringend darum, uns darüber in Kenntnis zu setzen.

Inhalt

2	**Genetik**	**1**
2.3	Formale Genetik	1
2.3.1	Allgemeines und Begriffe	1
2.3.2	Mendel-Gesetze	2
2.3.3	Wichtige Vererbungsgänge im Blutgruppensystem	3
2.3.4	Autosomale und gonosomale Vererbungsgänge	6
2.3.5	Mitochondriale Vererbungsgänge	9
2.3.6	Vererbungsgänge bei Zwillingen	9
2.3.7	Stammbäume	9
2.4	Populationsgenetik	10
2.5	Mutationen	11
2.5.1	Punktmutation	12
2.5.2	Rasterschubmutation (Frameshift)	13

3	**Allgemeine Mikrobiologie und Ökologie**	**17**
3.1	Prokaryonten und Eukaryonten	17
3.2	Allgemeine Bakteriologie	17
3.2.1	Morphologische Grundformen	17
3.2.2	Bestandteile einer Bakterienzelle	18
3.2.3	Genetische Organisation einer Bakterienzelle	18
3.2.4	Zytoplasma	20
3.2.5	Zellmembran	24
3.2.6	Zellwand	24
3.2.7	Kapsel	27
3.2.8	Fimbrien (Pili)	30
3.2.9	Geißeln	30
3.2.10	Bakterielle Sporen	30
3.3	Bakterienphysiologie	31
3.3.1	Nährmedium	31
3.3.2	Verhalten gegenüber Sauerstoff	31
3.3.3	Exkurs: Clostridienstämme	31
3.3.4	Verhalten gegenüber pH und Temperatur	32
3.4	Antibiotika	32
3.4.1	Angriff am prokaryontischen Ribosom	32
3.4.2	Angriff an der Zellwand	33
3.4.3	Resistenzen	33
3.5	Bakterienklassifizierung	37
3.6	Pilze	38
3.6.1	Sprosspilze	40
3.6.2	Fadenpilze	40
3.6.3	Antimykotika	40
3.6.4	Pilztoxine	41
3.7	Viren	41
3.7.1	Aufbau	41
3.7.2	Vermehrungszyklus	42
3.7.3	Virenklassifikation	43
3.7.4	Bakteriophagen	43
3.7.5	Retroviren (RNA-Viren)	43
3.7.6	Viroide	43
3.7.7	Prionen	43
3.8	Ökologie	47
3.8.1	Symbiose	47
3.8.2	Kommensalismus	47
3.8.3	Parasitismus	47
3.8.4	Die Nahrungskette	47

Wissen, das in keinem Lehrplan steht:

- Wo beantrage ich eine **Gratis-Mitgliedschaft** für den **MEDI-LEARN Club**?

- Wo bestelle ich kostenlos **Famulatur-Länderinfos** und das **MEDI-LEARN Biochemie-Poster**?

- Wann macht eine **Studienfinanzierung** Sinn? Wo gibt es ein **gebührenfreies Girokonto**?

- Warum brauche ich schon während des Studiums eine **zahnarztspezifische Haftpflichtversicherung**?

Lassen Sie sich beraten!
Nähere Informationen und unseren Repräsentanten vor Ort finden Sie im Internet unter www.aerzte-finanz.de

Deutsche Ärzte Finanz

Standesgemäße Finanz- und Wirtschaftsberatung

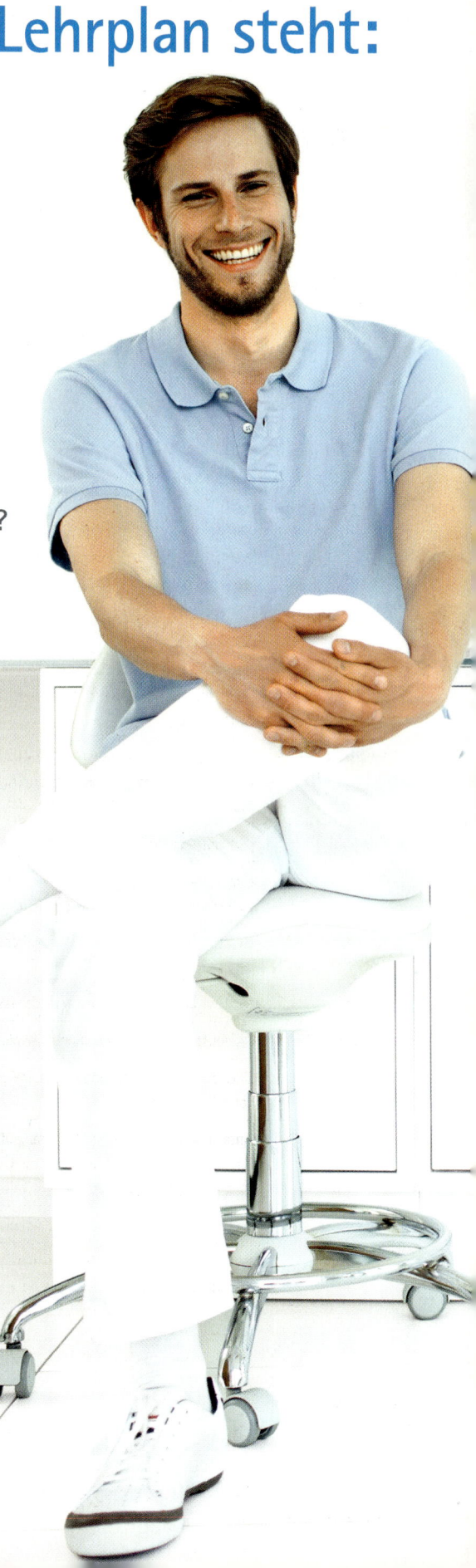

2 Genetik

Fragen in den letzten 10 Examen: 17

2.3 Formale Genetik

In diesem Kapitel geht es um die klassischen drei Gesetze von Gregor Johann Mendel und die Vererbungslehre.
Hier sind besonders die Blutgruppenvererbungen wichtig, da sie sehr oft und in immer wieder abgewandelter Form geprüft werden. Doch bevor du dich jetzt mitten ins Vererbungsgetümmel stürzt, solltest du dir zunächst das Handwerkszeug der formalen Genetik aneignen. Beginnen wir also mit ein wenig Vokabeln lernen.

2.3.1 Allgemeines und Begriffe

Die in Tab. 1 a, S. 1 und Tab. 1 b, S. 2 aufgeführten Begriffe sind in gleich zweierlei Weise relevant: Zum einen können sie in Fragen vorkommen, zum anderen brauchst du sie, um die folgenden Abschnitte dieses Skriptes zu verstehen.

Allel	Ausprägungen eines Gens, die auf den homologen Chromosomen am gleichen Genlokus (Ort) zu finden sind. Sind die Allele gleich, bezeichnet man den Träger als **homozygot**, sind sie unterschiedlich, nennt man das **heterozygot**.
Multiple Allelie	Bezeichnung für die Tatsache, dass mehrere Varianten eines Gens vorkommen können: Mitunter kommen von einem Gen mehr als zwei Allele (Ausprägungsformen) vor. Bestes Beispiel ist das AB0-Blutgruppensystem, bei dem drei Allele (A, B und 0) die Blutgruppen bestimmen.
Genotyp	Bezeichnung für die Gesamtheit aller Erbanlagen.
Phänotyp	Bezeichnung für das äußere Erscheinungsbild eines Individuums. Dieses hängt zum einen vom Genotyp, zum anderen auch von Umwelteinflüssen ab.
Dominanz	Ein dominantes Allel setzt sich im Phänotyp durch.
Rezessivität	Ein rezessives Allel kommt bei Vorhandensein eines dominanten Allels nicht zur Ausprägung. Phänotypisch ausgeprägt ist es nur, wenn zwei rezessive Allele vorliegen.
Codominanz	Manifestation beider dominanter Allele im Phänotyp, Beispiel: Blutgruppe AB.
Expressivität	Grad der Ausprägung eines Gens im Phänotyp. Nur ein Gen mit 100-prozentiger Expressivität schlägt vollständig durch.
Penetranz	Anteil der Merkmalsträger bezogen auf die Genträger. Bei vollständiger Penetranz (100 %) weisen alle Genträger das Merkmal auf, bei unvollständiger Penetranz nur ein Teil. Beispiel: Bei 50-prozentiger Penetranz würde die Hälfte der Mitglieder einer betroffenen Familie das Merkmal ausprägen.
Pleiotropie	Gleichzeitige Beeinflussung und Ausprägung mehrerer phänotypischer Merkmale durch nur ein Gen.
Heterogenie	Das gleiche Krankheitsbild wird durch zwei nichtallele Gene ausgelöst. Beispiel: Gehörlosigkeit wird **autosomal-rezessiv** vererbt. Trotzdem können Kinder taubstummer Eltern phänotypisch gesund sein, da der Defekt bei den Eltern auf unterschiedlichen Genorten lokalisiert sein kann. Elternteil 1 : TTss (gehörlos), Elternteil 2 : ttSS (gehörlos), Kind : TtSs (phänotypisch gesund). Die Kleinbuchstaben bezeichnen das jeweils kranke (rezessive) Allel. Nur die Kombinationen ss und tt führen zur Gehörlosigkeit.

Tab. 1 a: Definition wichtiger Begriffe

2 Genetik

Antizipation	Tendenz einiger genetischer Erkrankungen, sich von Generation zu Generation früher und stärker auszuprägen, Beispiel: Myotone Muskeldystrophie. Dieses Phänomen basiert auf einer **Triplettexpansion**, die von Generation zu Generation zunimmt. Hierunter versteht man die Vervielfachung von Triplettsequenzen (CAG, CTG, CGG), die zu einer Instabilität des kodierten Genprodukts führt. Weitere Beispielkrankheiten sind die **Chorea Huntington** (Veitstanz) und das Fragile X-Syndrom.
genomisches Imprinting	Unterschiedliche Ausprägung eines Gens; je nachdem, ob es vom Vater (paternal) oder der Mutter (maternal) weitergegeben wurde, entstehen zwei unterschiedliche Krankheitsbilder. Beispiel: Bestimmte Chromosomenschäden auf Chromosom 15 führen bei maternaler Vererbung zum Angelman-Syndrom, bei paternaler Vererbung zum Prader-Willi-Syndrom.
uniparentale Disomie	Sonderfall, bei dem **beide Chromosomen** von einem Elternteil (uniparental) kommen. Dabei wird ein homologes Chromosomenpaar an das Kind weitergegeben.

Tab. 1 b: Definition wichtiger Begriffe

2.3.2 Mendel-Gesetze

Zu den Mendel-Gesetzen an sich wurden zwar zuletzt keine Fragen gestellt, die Inhalte sind jedoch sehr wichtig, um die Vererbungslehre zu verstehen. Um diese Gesetze und auch andere Vererbungsgänge zu veranschaulichen, benutzt man solche Kreuzschemata:

	A	A
B	?	?
B	?	?

Tab. 2 a: Kreuzschema homozygote Eltern

In der oberen Zeile und der linken Spalte sind die Genotypen der Eltern (vornehmer ausgedrückt: der Parentalgeneration) aufgeführt. Elternteil eins (oben) hat den Genotyp AA, Elternteil zwei (links) den Genotyp BB. Unsere beiden zeugungswilligen Partner sind also homozygot.

> **Merke!**
>
> Ein großer Buchstabe kennzeichnet ein dominantes Gen, ein kleiner Buchstaben ein rezessives Gen.

Nun interessiert uns, welche Genotypen unter der Nachkommenschaft (Filialgeneration) auftreten können. In unserem Beispiel sind diese mit einem Fragezeichen gekennzeichnet. Zum Lösen der Aufgabe addiert man einfach die einzelnen Allele der Eltern und erhält so die möglichen Genotypen der Kinder:

	A	A
B	AB	AB
B	AB	AB

Tab. 2 b: Homozygote Eltern mit Genotypen der Kinder

Kleiner Tipp: Im Physikum sind die Prüfer meist nicht so zuvorkommend, dass sie schon ein fertiges Kreuzschema in die Frage integrieren. Die Frage wird vielmehr in Textform formuliert und du musst dir dein eigenes Schema entwerfen.

Das 1. Mendel-Gesetz (Uniformitätsgesetz)

Das 1. Mendel-Gesetz entspricht unserem Beispiel: Kreuzt man zwei Homozygote (Elterngeneration = Parentalgeneration P) verschiedener Allele, sind die Nachkommen (Filialgeneration 1) alle heterozygot und weisen den gleichen Genotyp (Uniformität) auf. Dieser Genotyp weicht von dem der Eltern ab.
In unserem Beispiel hat ein Elternteil den Genotyp AA, der andere den Genotyp BB. Die Nachkommen in der F1-Generation haben so-

mit alle den gleichen uniformen AB-Genotyp. Würde man zwei Homozygote gleicher Allele kreuzen, so wären alle Nachkommen gleich! Wer Lust hat, kann das ja mal mit einem Kreuzschema und den Allelpaaren AA und AA überprüfen ...

Das 2. Mendel-Gesetz (Spaltungsgesetz)

Kreuzt man diese F1-Nachkommen, die alle das gleiche **heterozygote uniforme Allelpaar** (AB) aufweisen, so werden die Nachkommen der F2-Generation NICHT wieder uniform, sondern sie **spalten** sich im Verhältnis 1 : 2 : 1 (AA : AB : BB):

	A	B
A	AA	AB
B	AB	BB

Tab. 3: Aufspaltung in der F2-Generation

> **Merke!**
> Beim 2. Mendel-Gesetz gilt das Verhältnis 1 : 2 : 1.

Das 3. Mendel-Gesetz (Unabhängigkeitsgesetz)

Kreuzt man homozygote Individuen, die sich in mehr als einem Allelpaar unterscheiden, so werden die einzelnen Allele unabhängig voneinander entsprechend den beiden ersten Mendelschen Gesetzen vererbt. Heute wissen wir, dass die Allele dazu auf unterschiedlichen Chromosomen lokalisiert sein müssen.
Wie ist das zu verstehen? Dazu muss man wissen, dass unterschiedliche Gene, die auf einem Chromosom liegen, sich unter Umständen nicht unabhängig voneinander kombinieren können, da sie z. B. während der Mitose (s. Skript Biologie 1) der **gleichen Kopplungsgruppe** angehören und dann **zusammen** auf die Keimzellen verteilt werden.

2.3.3 Wichtige Vererbungsgänge im Blutgruppensystem

Das Thema Vererbungsgänge ist absolut prüfungsrelevant, da Fragen zu den Blutgruppen und den anderen hier aufgeführten Vererbungsgängen bislang noch jedes Mal im schriftlichen Physikum zu finden waren.

AB0-Blutgruppensystem

Zwei Blutgruppensysteme sind immer wieder Gegenstand des Examens: Das AB0-Blutgruppensystem und das MN-Blutgruppensystem (s. S. 6). Hast du das Prinzip aber einmal verstanden und dir einige Fakten gemerkt, sind die hierzu gestellten Aufgaben meist schnell und einfach zu lösen.

Die Blutgruppen des AB0-Systems unterscheiden sich in der Zusammensetzung der Glykokalix auf den Erythrozyten. Das heißt, dass sich die Blutgruppen aufgrund spezifischer Glykosyltransferasen voneinander unterscheiden. Bekannt sind die **Allele A, B und 0**.

> **Merke!**
> Die Blutgruppenverteilung in Deutschland ist wie folgt: Blutgruppe A und 0 je 40 %, B 15 % und AB 5 %.

Hat jemand die Blutgruppe A, so entwickelt er Antikörper gegen die Blutgruppe B, um sich gegen diese körperfremden Substanzen zu schützen. Besitzt hingegen jemand die Blutgruppe B, so hat er Antikörper gegen die Blutgruppe A. Menschen mit der Blutgruppe AB entwickeln demnach keine Antikörper, bei der Blutgruppe 0 sind hingegen sowohl Anti-A- als auch Anti-B-Antikörper im Serum vorhanden (s. Tab. 4, S. 4). Diese Antikörperbildung

2 Genetik

ist medizinisch relevant, um **Transfusionszwischenfälle** zu vermeiden. Treffen nämlich Antigen und Antikörper aufeinander, kommt es zur **Agglutination**. Würde man also ein Erythrozytenkonzentrat der Spendergruppe A einem Patienten mit der Blutgruppe B infundieren, so käme es zur Verklumpung der Erythrozyten. Es würden sich Mikrothromben bilden, die Kapillaren verstopfen könnten. Im Extremfall kann so ein Zwischenfall zum Tod führen (s. Abb. 1, S. 4).

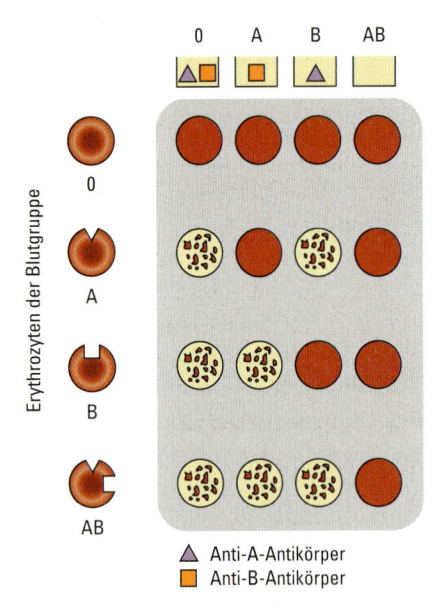

Abb. 1: AB0-Blutgruppenunverträglichkeit

medi-learn.de/6-bio2-1

Blutgruppe	Antigen (auf den Erythrozyten)	Antikörper (im Serum)
A	A	Anti-B
B	B	Anti-A
AB	AB	keine
0	keins	Anti-A und Anti-B

Tab. 4: AB0-Blutgruppensystem

Lektine sind spezifische zuckerbindende Proteine. Früher setzte man sie ein, um Blutzellen – über die Bindung an der Glykokalix – zu agglutinieren. Heute benutzt man lektinhistochemische Methoden, um z. B. Tumorzellen zu diagnostizieren.

> **Übrigens ...**
> Rennfahrer haben ihre Blutgruppe meist am Rennanzug aufgestickt oder sogar aufs Auto aufgeklebt, damit nach dem ersten (Auto-)Unfall kein zweiter (Infusions-)Unfall passiert ...

Nach dieser allgemeinen Einführung in das Thema der AB0-Blutgruppen widmen wir uns jetzt den vererbungsrelevanten Fakten: Die Blutgruppenallele A und B verhalten sich zueinander codominant und gegenüber dem Allel 0 dominant. Folglich manifestiert sich die Blutgruppe 0 nur im homozygoten Zustand.

Die folgende Tabelle zeigt, welche unterschiedlichen Genotypen einem Phänotyp zugrunde liegen können:

Phänotyp	Genotyp
A	AA, A0
B	BB, B0
AB	AB
0	00

Tab. 5 a: Genotypen der AB0-Blutgruppen

Bei der Blutgruppe B kann sich z. B. die Dominanz des Allels B gegenüber dem Allel 0 manifestieren. Genau so gut ist es aber auch möglich, dass ein Träger der Blutgruppe B homozygot ist.

Kinder von Eltern der Blutgruppen A oder B können daher auch die Blutgruppe 0 bekommen, wenn ihre Eltern heterozygot sind. Die Wahrscheinlichkeit für diesen Fall beträgt 25 %, wie aus nachfolgender Tab. 5 b, S. 5 ersichtlich ist.

2.3.3 Wichtige Vererbungsgänge im Blutgruppensystem

	A	0
B	AB	B0
0	A0	00

Tab. 5 b: Vererbung der AB0-Blutgruppen

Rhesus-Blutgruppensystem

Das Rhesus-Blutgruppensystem besteht aus drei verschiedenen Antigenen, die mit C, D und E bezeichnet werden. Da das **D-Antigen** am häufigsten vorkommt, bezeichnet man Träger dieses Merkmals als rhesuspositiv (Rh-positiv). Fehlt das D-Antigen, bezeichnet man die Träger folgerichtig als rhesusnegativ (Rh-negativ).

> **Übrigens ...**
> Bei der europäischen Bevölkerung finden sich 85 % rhesuspositive Personen; 15 % sind rhesusnegativ.

Zum Verständnis der Rhesus-Kompatibilität ist es wichtig sich zu merken, dass im Körper natürlicherweise KEINE Antikörper gegen die Rhesusantigene vorkommen. Dies ist ein wesentlicher Unterschied gegenüber dem AB0-Blutgruppensystem, bei dem sich sehr wohl Antikörper bilden (vorausgesetzt man hat nicht die Blutgruppe AB). Eine solche Sensibilisierung (Bildung von Antikörpern) findet beim Rhesussystem erst dann statt, wenn Blut von rhesuspositiven Spendern auf rhesusnegative Empfänger übertragen wird.

Zu einer Antigen-Antikörper-Reaktion würde erst ein nochmaliger gleichartiger Blutkontakt führen. Dessen Folgen wären dann eine Hämolyse und intravasale Gerinnung (s. Abb. 2, S. 5).

Besondere Relevanz hat dieses Wissen um das Rhesus-Blutgruppensystem während einer Schwangerschaft. Ist die Mutter rhesusnegativ und der Vater rhesuspositiv, so besteht die Möglichkeit, dass das Kind die rhesuspositiven Eigenschaften des Vaters erbt. Bei der Geburt kommen mütterlicher und kindlicher Kreislauf in Kontakt. Der Übertritt kindlicher rhesuspositiver Erythrozyten in die Blutbahn der Mutter führt zu deren Sensibilisierung, was bedeutet, dass die Mutter Anti-D-IgG-Antikörper entwickelt. Wäre bei einer zweiten Schwangerschaft

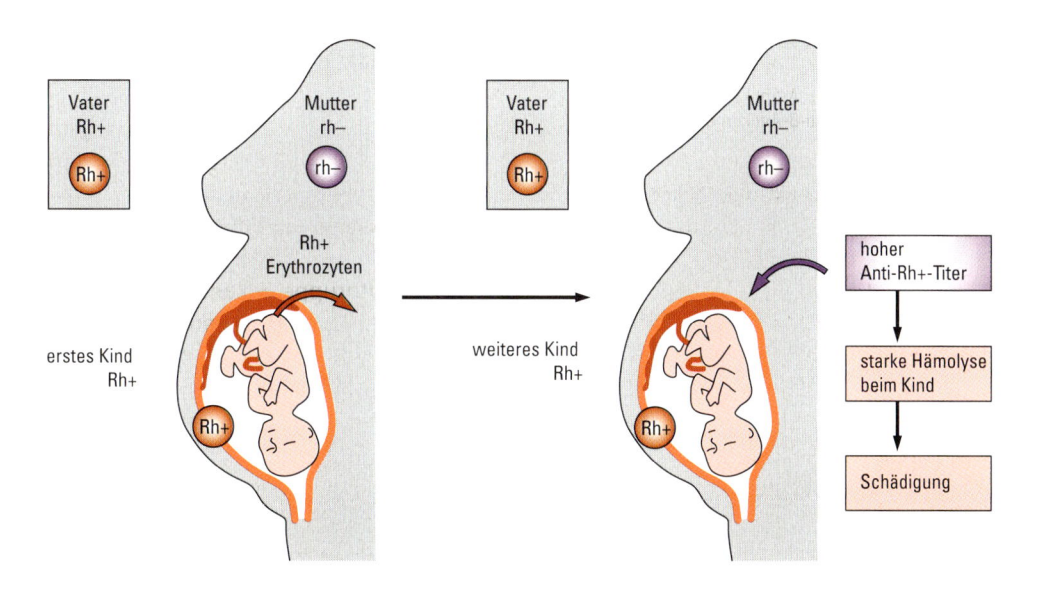

Abb. 2: Rhesusinkompatibilität in der Schwangerschaft

medi-learn.de/6-bio2-2

das Kind erneut rhesuspositiv, entstünde eine gefährliche Situation: Da IgG-Antikörper plazentagängig sind, können sie vom mütterlichen in den kindlichen Kreislauf übertreten. Dort würden sie dann einen **Morbus hämolyticus neonatorum** auslösen, der durch schwere fetale Anämie und Hämolyse gekennzeichnet ist und nicht selten zum Abort führt.

Damit es nicht soweit kommt, sollte man eine **Anti-D-Prophylaxe** durchführen. Das bedeutet, dass Frauen direkt nach der Geburt ihres ersten rhesuspositiven Kindes große Mengen Anti-D-Antikörper gespritzt bekommen. Dadurch werden die übergetretenen fetalen Erythrozyten markiert und eliminiert, bevor sie das mütterliche Immunsystem sensibilisieren können. Die hier beschriebenen Komplikationen im Sinne eines Morbus hämolyticus neonatorum können normalerweise erst bei einer zweiten Schwangerschaft auftreten, während sie bei einer Erstschwangerschaft praktisch ausgeschlossen sind. Es gibt aber auch Fälle, bei denen Rhesuskomplikationen schon während der ersten Schwangerschaft vorkommen. Diese Frauen müssen folglich bereits vorher Anti-D-Antikörper entwickelt haben, z. B. durch eine rhesuspositive Blut(fehl)transfusion.

MN-Blutgruppensystem

Beim MN-System kennt man die Allele M und N, die sich codominant verhalten. Hier gibt es KEIN rezessives 0-Allel. Somit ergeben sich folgende Phäno- und Genotypen:

Phänotyp	Genotyp
M	MM
N	NN
MN	MN

Tab. 6 a: Genotypen der MN-Blutgruppen

Sowohl die Bestimmung der MN-Blutgruppen als auch des AB0-Systems kann für einen Vaterschaftstest benutzt werden. **Vaterschaftstests** sind immer wieder Gegenstand von Prüfungsfragen. In der folgenden Tabelle sind einige Beispiele aufgeführt:

Mutter	Kind	mögliche Vaterschaft	ausgeschlossene Vaterschaft
M	M	MN, M	N
MN	MN	MN, M, N	–
A	AB	B, AB	A, 0
M, B	M, 0	M, MN/A, B, 0	N/AB

Tab. 6 b: Beispiele für Vaterschaft

Bitte halte dir immer vor Augen, dass hier nur der Phänotyp angegeben ist.

2.3.4 Autosomale und gonosomale Vererbungsgänge

In diesem Unterkapitel nähern wir uns vielen unterschiedlichen Erbgängen. Das Thema kann auch später im Beruf sehr wichtig sein, wenn Patienten eine Erbkrankheit haben und eine humangenetische Beratung wünschen.

Autosomal-dominante Vererbungsgänge

Wie schon beim Abschnitt „Handwerkszeug der Vererbung" erwähnt (s. 2.3.1, S. 1), setzt sich ein dominantes Merkmal gegenüber einem rezessiven Merkmal durch. Ist eine Generation daher merkmalsfrei, dann wurde ein krankes dominantes Gen nicht weitervererbt, da es ja sonst zur Ausprägung hätte kommen müssen. Wichtig in diesem Zusammenhang sind jedoch auch die Penetranz und die Expressivität (s. 2.3.1, S. 1), denn durch eine sehr geringe Expressivität oder eine unvollständige Penetranz kann eine merkmalsfreie Generation auch nur vorgetäuscht sein.

> **Merke!**
>
> – Bei autosomal-dominanten Vererbungsgängen zeigt sich keine Bevorzugung eines be-

2.3.4 Autosomale und gonosomale Vererbungsgänge

stimmten Geschlechts, wie es z. B. bei gonosomalen Defekten der Fall sein kann (s. S. 8).
- Ist eine Generation merkmalsfrei, weil das dominante Gen nicht weitervererbt wurde, entspricht das Erkrankungsrisiko der Mutationsrate.

Und jetzt noch zwei Beispiele:
Bei einem heterozygot erkrankten Elternteil beträgt das Risiko für die Kinder, ebenfalls zu erkranken, 50 %.

	A	a
a	Aa (k)	aa
a	Aa (k)	aa

(k) = krank, A = krankes dominantes Allel
Tab. 7 a: Dominantes Allel bei einem Elternteil

Sind beide Elternteile heterozygot betroffen, so beträgt das Erkrankungsrisiko für die Kinder 75 %. Zwei Drittel der Erkrankten sind heterozygot (Aa), ein Drittel ist homozygot (AA). Homozygote Träger sind meist besonders schwer betroffen.

	A	a
A	AA (k)	Aa (k)
a	Aa (k)	aa

(k) = krank, A = krankes dominantes Allel
Tab. 7 b: Dominantes Allel bei beiden Eltern

> **Merke!**
>
> Ist ein Elternteil homozygot betroffen, so sind alle Kinder heterozygot betroffen = das Erkrankungsrisiko beträgt 100 %.

Autosomal-rezessive Vererbungsgänge

Häufig sind bei autosomal-rezessiven Erbleiden die Eltern phänotypisch gesund, aber genotypisch heterozygot. Bekannte Beispiele für autosomal-rezessiv vererbte Erkrankungen sind die Phenylketonurie (PKU) und die Mukoviszidose.

	A	a
A	AA	Aa
a	Aa	aa (k)

(k) = krank, a = krankes rezessives Allel
Tab. 8 a: Rezessives Allel bei beiden Eltern

Durchschnittlich 1/4 der Kinder (aa) sind bei zwei heterozygoten Eltern krank.
Zu beachten ist, dass
- 2/3 der phänotypisch gesunden Kinder (AA und Aa) heterozygot (Aa) sind,
- 1/3 der phänotypisch gesunden Kinder (1/4 aller Kinder) homozygot (AA) ist.

Diese Aussage solltest du dir am besten noch einmal selber mit Blatt und Bleistift anhand eines Kreuzschemas verdeutlichen, da sie bislang immer wieder Gegenstand von Prüfungsfragen war.

Nun zu einem Sonderfall: Ein Elternteil sei homozygot, das andere heterozygot.

	A	a
a	Aa	aa (k)
a	Aa	aa (k)

(k) = krank, a = krankes rezessives Allel
Tab. 8 b: Pseudodominanz bei rezessivem Erbgang

Durchschnittlich 50 % der Kinder (aa) sind bei dieser Konstellation krank, die anderen 50 % sind heterozygot.
Den Fakt, dass 50 % der Nachkommen erkranken, kennst du schon vom dominanten Vererbungsgang (s. Tab. 7 a, S. 7). Da hier aber eine rezessiv-vererbte Krankheit, die „normalerweise" ja nur 25 % Erkrankungen aufweisen sollte, einen dominanten Erbgang mit 50 % Erkrankungsrisiko „vortäuscht", bezeichnet man dieses Phänomen als Pseudodominanz:

Nachkommen von Eltern, die beide das gleiche autosomal-rezessive Merkmal tragen (aa und aa), erkranken mit 100-prozentiger Wahrscheinlichkeit. Es gibt auch pseudoautosomale Regionen. Darunter versteht man Regionen, die zwar auf Geschlechtschromosomen liegen, aber bei beiden Geschlechtern gleich oft vorhanden (pseudo-autosomal) sind.

Gonosomal-dominante Vererbungsgänge

Für die Y-Chromosomen ist kein gesicherter mendelscher Erbgang einer Krankheit bekannt. Daher können wir uns auf die X-chromosomal-dominant vererbten Krankheiten konzentrieren:
Ein kranker Mann (Xy) würde eine solche Erkrankung zu 100 % an seine Töchter (Xx) und zu 0 % an seine Söhne (xy) weitervererben, da die Söhne ja nur sein gesundes Y-Chromosom bekommen, während die Töchter immer das kranke X-Chromosom erhalten:

	X	y
x	Xx (k)	xy
x	Xx (k)	xy

(k) = krank, X = krankes dominantes Allel
Tab. 9: Kranker Vater (dominantes Allel)

Heterozygote Mütter hingegen vererben das kranke Gen an 50 % ihrer weiblichen und männlichen Nachkommen, die andere Hälfte bekommt das gesunde Gen. Hier tritt also KEINE geschlechtsspezifische Vererbung auf.

	x	y
X	Xx (k)	Xy (k)
x	xx	xy

(k) = krank, X = krankes dominantes Allel
Tab. 10: Kranke Mutter (dominantes Allel)

Gonosomal-rezessive Vererbungsgänge

Auch bei den gonosomal-rezessiven Erbgängen widmen wir uns nur den prüfungsrelevanten X-chromosomal-rezessiven Vererbungen. Es erkranken weitaus mehr Männer als Frauen, da sie ja nur ein X-Chromosom besitzen. Betroffene Männer (xY) zeigen also bei vollständiger Penetranz immer das Merkmal:

	X	Y
X	XX	XY
x	xX	xY (k)

(k) = krank, x = krankes rezessives Allel
Tab. 11: Erbgang betroffener Männer (xY)

Frauen dagegen müssen homozygot (xx) sein, um zu erkranken. Das wird nur bei seltenen Konstellationen beobachtet, wie z. B. Mutter heterozygot (Xx) und Vater erkrankt (xY).

	x	Y
X	xX	XY
x	xx (k)	xY (k)

(k) = krank, x = krankes rezessives Allel
Tab. 12: Erbgang betroffener Frauen (xx)

Eine heterozygote Frau (Xx) nennt man auch **Konduktorin**. Das heißt, dass sie ein krankes Gen weitervererben kann, selbst aber nicht erkrankt ist. Ist der Vater erkrankt (xY), so bekommt er gesunde Söhne (XY), da er an sie nur das Y-Chromosom vererbt. Seine Töchter dagegen werden immer Konduktorinnen (xX).

	x	Y
X	xX	XY
X	xX	XY

(k) = krank, x = krankes rezessives Allel
Tab. 13: Kranker Vater (xY)

Wichtige Beispiele für X-chromosomal-rezessive Erbgänge sind
- Farbenblindheiten,
- Hämophilie A und B,
- Muskeldystrophie Typ Becker,
- Muskeldystrophie Typ Duchenne.

2.3.5 Mitochondriale Vererbungsgänge

Krankheiten, die durch Mutationen mitochondrialer mtDNA verursacht werden, werden normalerweise **maternal** (von der Mutter) vererbt. Der Grund dafür ist, dass die paternalen Mitochondrien, die bei der Verschmelzung des Spermiums mit der Eizelle in die Eizelle eindringen, rasch abgebaut werden. Die Mitochondrien der Zygote stammen somit (in der Regel) alle von der Mutter (s. a. Skript Biologie 1).

2.3.6 Vererbungsgänge bei Zwillingen

Zwillingsgeburten kommen statistisch gesehen bei 1 : 40 Geburten in Deutschland vor. Man unterscheidet eineiige und zweieiige Zwillinge. Eineiige Zwillinge entstehen dadurch, dass sich die befruchtete Eizelle (Zygote) in zwei Embryonalanlagen teilt. Da die Zwillinge aus derselben Zygote entstehen (monozygotisch), haben sie zwangsläufig das gleiche Erbgut und auch das gleiche Geschlecht. Zweieiige Zwillinge entstehen, wenn während eines Zyklus zwei Eizellen heranreifen und von zwei Spermien befruchtet werden. Dadurch entstehen zwei Zygoten (dizygotisch), und die Zwillinge sind genetisch gesehen wie normale Geschwister miteinander verwandt.

Beispiel
Wenn zwei eineiige Zwillingspaare (Lisa und Luisa sowie Thomas und Tom) untereinander heiraten (Lisa + Thomas sowie Luisa + Tom), was ließe sich dann zum Verwandtschaftsgrad ihrer Kinder sagen?
Antwort: Sämtliche Kinder dieser zwei Ehen sind genetisch gesehen wie Geschwister untereinander verwandt.

Weitere Informationen zu Zwillingen findest du im Skript Anatomie 1 (Embryologie).

2.3.7 Stammbäume

Im schriftlichen Teil des Physikums werden gerne Stammbaumaufgaben gestellt. Zur Interpretation eines Stammbaums sollte man die Symbole aus Abb. 3, S. 9 kennen:

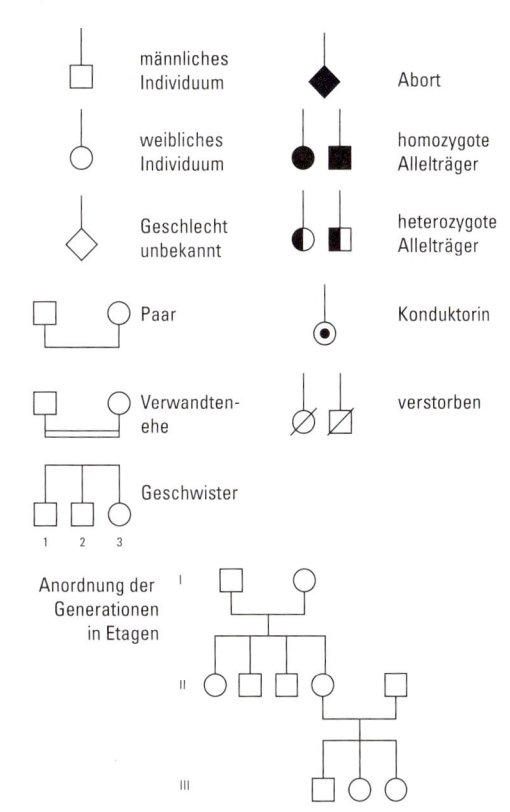

Abb. 3: Stammbaumsymbole *medi-learn.de/6-bio2-3*

2 Genetik

Beispiel
Ein Mann sei von einer sehr seltenen autosomal-rezessiven Krankheit betroffen. Wie hoch ist die Wahrscheinlichkeit für den Sohn seiner gesunden Schwester, für das gleiche Gen heterozygot zu sein?

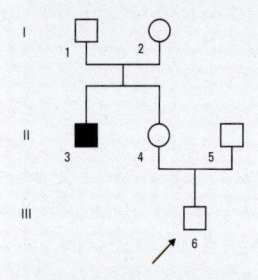

Abb. 4: Stammbaumaufgabe

medi-learn.de/6-bio2-4

Erläuterung:
Die Eltern (1, 2) der ersten Generation müssen heterozygot für die rezessive Krankheit sein, damit der Sohn (3) überhaupt erkranken konnte. Sein Risiko betrug übrigens 25 % (vgl. Tab. 8 a, S. 7). Damit beträgt das Risiko für die gesunde Schwester (4) für die Erkrankung heterozygot zu sein 2/3 (66 %, vgl. Tab. 8 a, S. 7). Diese Schwester vererbt das Gen (das sie mit einer Wahrscheinlichkeit von 66 % besitzt) mit 50-prozentiger Wahrscheinlichkeit weiter: Ihr Sohn (6) hat somit ein Risiko von 33 %, heterozygot zu sein.

2.4 Populationsgenetik

Die Fragen in schriftlichen Physikums-Prüfungen zu diesem Thema beschäftigten sich bislang mit dem Hardy-Weinberg-Gesetz. Dabei handelt es sich um eine algebraische Formel, mit der man die relative Häufigkeit eines dominanten oder rezessiven Gens in einer Population vorhersagen kann.

Beispiel
Als Beispiel betrachten wir ein 2-Allelsystem. Hierfür lautet das Gesetz:

$p^2 + 2pq + q^2 = 1$

p^2 = Genfrequenz des dominanten (häufigeren) Allels in einer Population; q^2 = Genfrequenz des rezessiven (selteneren) Allels in einer Population und $p + q = 1$

Überträgt man dieses Beispiel auf das A-Merkmal der Blutgruppen, würde p für „A" und q für „a" stehen. Die einzelnen Formelanteile würden dann Folgendes bedeuten:
– p^2 gibt die Homozygotenfrequenz des dominanten Allels (AA) an,
– $2pq$ steht für die Heterozygotenfrequenz (Aa) und
– q^2 drückt die Homozygotenfrequenz (aa) aus.

Soweit so gut – aber wofür lässt sich dies alles nun gebrauchen? Die Antwort darauf sollen dir diese Beispiele geben, die zeigen, wie du mit Hilfe des Hardy-Weinberg-Gesetzes die Heterozygotenfrequenz in einer Population ausrechnen kannst, wenn die Häufigkeit einer Erkrankung bekannt ist:

Beispiel 1
Eine rezessive Erbkrankheit sei in der Bevölkerung mit einer Häufigkeit von 1 : 10 000 vertreten. Solch eine Häufigkeitsverteilung hat z. B. die Phenylketonurie (PKU). Hier kennt man also die Homozygotenfrequenz q^2:
q^2 (aa) = 1/10 000 oder 0,0001
Daraus lässt sich durch Ziehen der Wurzel sehr einfach q und damit die Genfrequenz des rezessiven Gens berechnen. Sie beträgt hier 0,01. Da außerdem gilt
$p = 1 - q$, ist $p = 0,99$.
Nun kann man die Heterozygotenfrequenz (2pq) errechnen: 2 · 0,99 · 0,01 = 0,0198 = 1,98 %.

Fazit:
Wenn in einer Population eine Erbkrankheit mit einer Häufigkeit von 1 : 10 000 auftritt, dann sind etwa 2 % der Menschen Überträger (heterozygot) für diese Krankheit.

Beispiel 2

Die Zystische Fibrose ist eine autosomal-rezessive Erkrankung, die mit einer Häufigkeit von 1 : 2 500 auftritt. Daraus lässt sich ableiten, dass die Erkrankung aufgrund des Erbgangs nur bei Homozygoten auftritt und somit q^2 1 : 2 500 beträgt oder anders ausgedrückt 0,0004.
Nach dem Wurzelziehen ergibt sich für **q** der Wert 0,02 und damit die Häufigkeit des defekten Gens.
Jetzt lässt sich die Formel **p + q = 1** nach p auflösen:
p = 1 – q. Näherungsweise (da q sehr klein ist) ergibt sich somit **p = 1**.
Da die Heterozygotenfrequenz **2pq** beträgt, erhält man durch Einsetzen dieser Werte:
2 · 1 · 0,02 = 0,04 und damit eine Heterozygotenfrequenz von 0,04 oder umformuliert 1 : 25.

Das letzte Beispiel zeigt, wie du mit Hilfe des Hardy-Weinberg-Gesetzes aus einer Heterozygotenfrequenz die Homozygotenfrequenz errechnen kannst.

Beispiel 3

Die familiäre Hypercholesterinämie Typ IIa ist eine autosomal-dominante Erkrankung. Bei Heterozygoten beträgt die Häufigkeit 1 : 500.
Aufgrund dieser Angaben wissen wir, dass **2pq = 0,002** ist, was man noch kürzen kann zu pq = 0,001.
Da ferner gilt **p + q = 1**, kann man – unter der Annahme, dass q sehr klein ist – näherungsweise **p = 1** setzen.
Vernachlässigt man das q in der Gleichung pq = 0,001, bleibt nur noch q = 0,001 übrig. Dies ergibt für **q^2 = 0,000001** und damit eine Homozygotenfrequenz
von 1 : 1 000 000.
Homozygote sind von autosomal-dominant vererbten Erkrankungen meist besonders schwer betroffen.

2.5 Mutationen

Beschäftigen wir uns nun mit dem Thema Mutationen. Besonders relevant für die Prüfung sind Kenntnisse über die möglichen Konsequenzen einer Mutation. Aber auch die Beispielkrankheiten Mukoviszidose und Sichelzellanämie finden sich immer wieder in den Fragen.
Mutationen sind Veränderungen des genetischen Materials. Sie können spontan oder noxeninduziert stattfinden. Die noxeninduzierten Mutationen können durch

- physikalische Einflüsse, z. B. UV-Strahlung, radioaktive Strahlung und/oder
- chemische Einflüsse, z. B. Zytostatika oder Kampfgase, ausgelöst werden.

Darüber hinaus solltest du fürs Schriftliche diese charakteristischen Eigenschaften parat haben:
- Für eine Mutation muss kein **Belastungsgrenzwert** überschritten werden. Man kann höchstens sagen, dass die Wahrscheinlichkeit einer Mutation bei hoher mutagener Exposition höher ist als bei niedriger Exposition.
- Es gibt keine gerichtete Mutation. Mutationen sind immer zufällig.
- Somatische Mutationen betreffen in der Regel nur ein Allel. Das heißt, dass sie heterozygot sind. Es gibt auch ganz selten homozygote Mutationen, z. B. in fortgeschrittenen Tumoren.

Da die Chromosomenmutationen bereits im Skript Biologie 1, Abschnitt 2.2.2 behandelt wurden, widmen wir uns hier nur noch den Konsequenzen einer Genmutation, die zur Veränderung der Basensequenz führen. Dabei unterscheidet man zwischen unterschiedlichen Auswirkungen, die eine Mutation nach sich ziehen kann:
- dem Entstehen eines Pseudogens,
- einem Loss/Gain of Function und
- keinen Auswirkungen.

Ein **Pseudogen** entsteht durch eine Mutation im **Promotorbereich**. Das betroffene Gen

2 Genetik

wird in der Folge nicht mehr abgelesen. Es ist aber auch möglich, dass es durch eine Mutation zu einer Funktionsverschlechterung (oder gar einem Funktionsausfall), aber auch umgekehrt zu einem Funktionszuwachs kommt, was man als Loss- oder Gain of Function bezeichnet. Schließlich können Mutationen auch gar keine Auswirkungen haben. Dies ist z. B. dann der Fall, wenn sie in Introns lokalisiert sind oder hochrepetitive DNA betreffen. Also Genabschnitte, die keine codierende Funktion haben. Auch bei Punktmutationen besteht die Möglichkeit, dass sich keine Konsequenzen aus der Mutation ergeben.

Als Praxisbezug folgen hier zwei klinische Beispiele:
1. Mukoviszidose wird durch eine Mutation (und zwar meist durch eine Deletion von drei Basen) verursacht, die zur Veränderung des CFTR-Kanals (**c**ystic **f**ibrosis **t**ransmembrane conductance **r**egulator) in der Zellmembran führt. Dabei handelt es sich um einen Chloridkanal, der ein ABC (**A**TP-**B**inding-**C**assette)-Transporter ist.
2. Menschen besitzen ein Pseudogen für Vitamin C. Besonders bei Seefahrern stellte sich früher schnell eine Unterversorgung ein, da sie zum Teil Monate lang keine frischen Früchte bekamen. Da Vitamin C für die Kollagenbiosynthese wichtig ist, kommt es zum Auftreten von **Skorbut**. Diese Krankheit ist durch schwere Bindegewebsschäden charakterisiert. Besonders Zahnfleischbluten und Zahnausfall imponieren – im Extremfall droht der Exitus.

Exkurs: Tyrosinase

Das Enzym Tyrosinase katalysiert die Entstehung von L-Dopa (**D**ihydr**ox**yphenyl**a**lanin) aus der Aminosäure Tyrosin. Durch weitere Syntheseschritte kann daraus Melanin gebildet werden. Man unterscheidet das schwärzliche **Eumelanin** vom rötlichen **Phäomelanin** (→ Sommersprossen).

Ein Mangel an Tyrosinase führt zu einem Pigmentmangel und damit auch zu einer erhöhten Lichtempfindlichkeit der Haut. Dies wiederum kann eine erhöhte Mutationsrate bedingen und Hautkrebs auslösen. Fehlt die Tyrosinase komplett, kommt es zum **Albinismus** (lat. albus: weiß).

> **Übrigens ...**
> Vorschlag Eselsbrücke: Albus Dumbledore hat einen weißen Bart.

2.5.1 Punktmutation

Bei einer Punktmutation wird nur eine Base ausgetauscht. Es ist möglich, dass das keine Konsequenzen hat und durch die Mutation ein Codon entsteht, das ebenfalls für die gleiche Aminosäure codiert.
Erfolgt eine Punktmutation in einem Stoppcodon, dann wird das Transkript gezwungenermaßen länger. Entsteht durch eine Punktmutation ein neues Stoppcodon, wird das Transkript kürzer.

Nachfolgend kommt hier ein weiteres klinisches Beispiel als Praxisbezug:
Bei der Sichelzellanämie wird aufgrund einer Punktmutation im Hämoglobin-Gen ein Codon verändert und daher eine andere Primärsequenz abgelesen. Die Folge ist, dass im fertigen Hämoglobin die Glutaminsäure in Position 6 durch Valin ersetzt ist. Dies führt zur Bildung der typischen Sichelzellerythrozyten mit gesteigerter Neigung zur Hämolyse. Es entstehen Mikrothromben, die besonders in Gehirnkapillaren fatale Folgen haben können. Heterozygote Träger haben trotzdem eine normale Lebenserwartung (!) und weisen zusätzlich eine hohe Resistenz gegenüber Malaria auf – ein Selektionsvorteil in Malariagebieten. Homozygote Träger erkranken (wie bei anderen Krankheiten auch) meist weitaus schwerer an der Sichelzellanämie.

2.5.2 Rasterschubmutation (Frameshift)

Eine Deletion oder Insertion eines Basenpaares kann zu einer Rasterschubmutation führen. Dadurch verändert sich das Raster der abgelesenen Codons, und es wird eine völlig andere Primärsequenz abgelesen. Die Rasterschub-Mutation wird gut verständlich, wenn du die folgenden Beispiele betrachtest:

Beispiele für Rasterschub- und Punktmutationen

In der folgenden Zeile ist eine Botschaft in Form von **Tripletts** verpackt:
DIE RNA HAT DEN RAT DEN DIE DNA IHR GAB

Beispiel 1
Kommt es nun bei einer Rasterschub-Mutation zur Insertion eines Basenpaares (**D**), so wird der Aminosäurecode unverständlich.
DIE RNA HAT DEN R**D**A TDE NDI EDN AIH RGA B

Beispiel 2
Hier erfolgt eine Insertion (**D**) und zusätzlich eine Deletion (**E**), die das Leseraster wieder verständlich macht.
DIE RNA HAT DEN R**D**A TDE NDI DNA IHR GAB

Beispiel 3
Nun betrachten wir noch eine **Punktmutation**, bei der nur ein Codon (das vierte) verändert wird. Auf diese Weise kann es zum Einbau einer falschen Aminosäure kommen.
DIE RNA HAT DE**R** RAT DEN DIE DNA IHR GAB

DAS BRINGT PUNKTE

Auch der zweite Teilaspekt der Genetik – die **Vererbungslehre** – war bislang im Schriftlichen immer mit zahlreichen Fragen vertreten. Besonders solltest du dir aus diesem Kapitel merken, dass
- Allele unterschiedliche Ausprägungen eines Gens sind,
- Allele sich auf den homologen Chromosomen am gleichen Genlokus befinden,
- sich ein dominantes Allel im Phänotyp durchsetzt und
- ein rezessives Allel nur dann zur Ausprägung kommt, wenn zwei rezessive Allele vorliegen.

Zum Thema **AB0-System** wird immer wieder gerne gefragt, dass
- die Blutgruppen des AB0-Systems auf Unterschieden der Glykokalix der Erythrozyten beruhen,
- in Deutschland die Blutgruppen A und 0 (je 40 %) vorherrschen,
- die Blutgruppe A Antikörper gegen die Blutgruppe B entwickelt (und umgekehrt),
- sich bei der Blutgruppe 0 Antikörper gegen Blutgruppe A und B finden,
- es bei der Blutgruppe AB weder Antikörper gegen A noch gegen B im Serum gibt und
- dieses Wissen zur Vermeidung von Transfusionszwischenfällen wichtig ist.

Aus dem Bereich **Vererbungsgänge** sind folgende Fakten absolut prüfungsrelevant:
- Bei einem autosomal-dominanten Vererbungsgang beträgt das Risiko für die Kinder eines heterozygot erkrankten Elternteils ebenfalls zu erkranken 50 %.
- Bei einem autosomal-rezessiven Erbgang beträgt das Erkrankungsrisiko für die Kinder heterozygoter Eltern 25 %. (66 % der phänotypisch gesunden Kinder sind heterozygot, 33 % homozygot).
- Bei einem X-chromosomal-dominanten Erbgang gibt ein kranker Mann sein Leiden zu 100 % an seine Töchter und überhaupt nicht an seine Söhne weiter. Heterozygote Mütter hingegen vererben ein Merkmal nicht geschlechtsspezifisch zu 50 % an ihre Nachkommen.
- Bei einem X-chromosomal-rezessiven Erbgang erkranken meist Männer. Heterozygote Frauen nennt man Konduktorinnen. Sie erkranken selbst nicht, können das kranke Gen aber weitervererben.

Tipp: Bei diesen Zahlenbeispielen machst du dir die Vererbungsgänge am besten parallel mit einem Kreuzungsschema klar.

Zum Thema **Mutation** solltest du dir merken, dass
- Mutationen immer zufällig sind und dass zum Auftreten kein „Belastungsgrenzwert" überschritten werden muss,
- es unterschiedliche Konsequenzen einer Mutation geben kann; diese
- können zu einem Loss/Gain of Function oder zu keinen Auswirkungen führen,
- keine Auswirkungen auftreten, wenn die Mutation zum Beispiel in einem Intron stattgefunden hat,
- die Sichelzellanämie Folge einer Punktmutation ist und
- eine Deletion oder Insertion eines Basenpaares zu einer Rasterschubmutation führen kann.

FÜRS MÜNDLICHE

Das Kapitel Genetik ist jetzt mit der Vererbungslehre abgeschlossen. Zur Überprüfung deiner Kenntnisse folgen hier mögliche mündliche Prüfungsfragen zum Thema Vererbung.

1. Was können Sie zur mitochondrialen Vererbung sagen?

2. Bitte erläutern Sie uns die Mendel-Gesetze.

3. Welche strukturellen Chromosomenaberrationen kennen Sie?

4. Kennen Sie autosomal-rezessiv vererbte Krankheiten?

5. Erklären Sie mir bitte den Begriff „Konduktor".

6. Sagt Ihnen das Stichwort „Anti-D-Prophylaxe" etwas im Zusammenhang mit Blutgruppen?

7. Sind Patienten mit der Blutgruppe AB Universalempfänger oder Universalspender?

---

1. Was können Sie zur mitochondrialen Vererbung sagen?
Man findet mitochondriale Vererbung bei Krankheiten, die durch mtDNA (mitochondriale DNA) hervorgerufen werden. Eine mitochondriale Vererbung erfolgt in der Regel maternal (mütterlich), da nur allenfalls ein paar paternale (väterliche) Mitochondrien in die Eizelle übertreten. Diese paternalen Mitochondrien werden dann normalerweise zügig abgebaut.

2. Bitte erläutern Sie uns die Mendel-Gesetze.
Das 1. Mendel-Gesetz nennt man auch Uniformitätsgesetz: Kreuzt man zwei Homozygote verschiedener Allele, sind die Nachkommen uniform heterozygot.
Das 2. Mendel-Gesetz wird Spaltungsgesetz genannt: Kreuzt man Heterozygote, die das gleiche uniforme Allelpaar aufweisen, so spalten sich die Nachkommen im Verhältnis 1 : 2 : 1 auf.
Das 3. Mendel-Gesetz ist das Unabhängigkeitsgesetz: Kreuzt man homozygote Eltern, die sich in mehr als einem Allelpaar unterscheiden, so werden die einzelnen Allele unabhängig voneinander nach den ersten beiden Gesetzen vererbt. Allerdings müssen die Allele auf unterschiedlichen Chromosomen lokalisiert sein, damit sie nicht in der gleichen Kopplungsgruppe sind.

3. Welche strukturellen Chromosomenaberrationen kennen Sie?
Bei der Deletion geht ein Teil eines Chromosoms verloren. Bei einer Duplikation wird ein Teil der genetischen Information verdoppelt. Mit Inversion bezeichnet man die Drehung eines Chromosomenstücks um 180 Grad. Diese Inversion kann para- oder perizentrisch sein.
Bei der reziproken Translokation kommt es zum wechselseitigen Segmenttausch zwischen verschiedenen Chromosomen.
Bei der nichtreziproken Translokation besteht diese Wechselseitigkeit nicht.
Eine Sonderform stellt die Robertson-Translokation dar. Hier wird aus zwei akrozentrischen Chromosomen ein metazentrisches Chromosom. Die Chromosomenzahl reduziert sich folglich auf 45.

4. Kennen Sie autosomal-rezessiv vererbte Krankheiten?
Beispiele wären die Phenylketonurie oder die Mukoviszidose. Typisch bei autosomal-rezessiv vererbten Krankheiten ist, dass die Eltern phänotypisch gesund, aber genotypisch heterozygot sind. Somit erklärt sich auch das Erkrankungsrisiko von 25 % für die Nachkommen.

FÜRS MÜNDLICHE

5. Erklären Sie mir bitte den Begriff „Konduktor".
Ein Konduktor ist ein Überträger einer bestimmten Erbanlage, ohne dass er diese Eigenschaft selbst besitzt. Ein klassisches Beispiel findet man bei X-chromosomal rezessiven Erbgängen – also z. B. bei der Farbenblindheit oder der Hämophilie A und B. Hier sind heterozygote Frauen Konduktorinnen und können ihr krankes Gen weitervererben, sind aber selbst nicht erkrankt.

6. Sagt Ihnen das Stichwort „Anti-D-Prophylaxe" etwas im Zusammenhang mit Blutgruppen?
Ja. Eine Anti-D-Prophylaxe muss man nach der Geburt durchführen, wenn die Mutter rhesusnegativ und der Vater rhesuspositiv ist. In dieser Konstellation besteht die Möglichkeit, dass das Kind die rhesuspositiven Blutgruppen-Eigenschaften des Vaters geerbt hat. Bei der Geburt kommen mütterlicher und kindlicher Kreislauf in Kontakt und die Mutter würde ohne eine solche Prophylaxe Antikörper gegen die kindlichen Erythrozyten bilden. Wäre bei einer zweiten Schwangerschaft das Kind erneut rhesuspositiv, könnten die (plazentagängigen) mütterlichen Antikörper die fetalen Erythrozyten direkt im Uterus angreifen. Es käme zu einem Morbus hämolyticus neonatorum, der in schweren Fällen auch zu einem Abort führen kann. Um eine solche Situation zu umgehen, gibt man direkt postpartal große Mengen Anti-D-Antikörper. Diese markieren die übergetretenen kindlichen Erythrozyten, die abgebaut werden, bevor das mütterliche Immunsystem sensibilisiert wird.

7. Sind Patienten mit der Blutgruppe AB Universalempfänger oder Universalspender?
Sie sind Universalempfänger, d. h. sie können sowohl Vollblut, als auch Erythrozytenkonzentrate von Patienten mit der Blutgruppe 0, A, B und AB erhalten. Das liegt daran, dass Menschen mit der Blutgruppe AB in ihrem Serum keine Anti-A oder Anti-B-Antikörper haben.

Pause

Zeit für eine kleine Pause ...

Mehr Cartoons unter www.medi-learn.de/cartoons

3 Allgemeine Mikrobiologie und Ökologie

Fragen in den letzten 10 Examen: 39

In diesem Kapitel geht es vorrangig um Bakterien, Pilze und Viren. Wir besprechen den allgemeinen Aufbau dieser Organismen und legen dabei besonderen Wert auf die medizinisch und vor allem physikumsrelevanten Aspekte. In den letzten Physikumsprüfungen wurden zwar relativ große Bereiche wie die genetische Organisation einer Bakterienzelle (s. 3.2.3, S. 18) oder das bakteriellen Zytoplasma (s. 3.2.4, S. 20) nicht abgefragt, trotzdem sind die Inhalte wichtig, um die Zusammenhänge im Bereich der allgemeinen Mikrobiologie zu verstehen. Den Abschluss bildet dann ein kurzer Ausflug zur Ökologie.

3.1 Prokaryonten und Eukaryonten

Grundsätzlich kann man zwei Organisationsformen von Zellen unterscheiden:
– die Prokaryonten
  (lat. pro: vor; griech. karyon: Kern) und
– die Eukaryonten (griech. eu: gut).

Schon aus dem Namen lässt sich ein wichtiger Unterschied der beiden Zellen ableiten: Prokaryonten haben im Gegensatz zu Eukaryonten keinen Kern, sondern ein **Kernäquivalent**.

Die weiteren prüfungsrelevanten Unterschiede sind in Tab. 14, S. 17 stichpunktartig aufgelistet und werden in den folgenden Abschnitten detailliert besprochen.

3.2 Allgemeine Bakteriologie

Steigen wir nun in die Besprechung der Bakterien ein. Prüfungsrelevant sind zum einen Kenntnisse über die verschiedenen äußeren Erscheinungsformen, zum anderen die spezifischen Strukturmerkmale der Mikroorganismen.

3.2.1 Morphologische Grundformen

Die Zellwand bestimmt die Form der Bakterienzelle: Ist sie kugelig aufgebaut, ist die Zelle ein Kokkus (Kugel). Staphylokokken kommen im Haufen zu liegen, Streptokokken sind fadenförmig angeordnet. Wenn die Ultrastruktur der Zellwand gestreckt oder kurvig angeordnet ist, ergibt sich eine Stäbchen- oder Schraubenform. Schon mit diesen einfachen morphologischen Unterschieden lassen sich die Bakterien einteilen und systematisieren (s. Abb. 5, S. 18 und Abb. 6, S. 18).

	Prokaryonten (Prozyten)	Eukaryonten (Euzyten)
Kern	– Kernäquivalent (Nukleoid) – nur ein Chromosom – keine Introns – Plasmide	– Zellkern mit Kernmembran – mehrere Chromosomen – viele Introns
Zytoplasma	– geringe Kompartimentierung – 70S-Ribosomen – Zellorganellen fehlen = keine Mitochondrien, kein ER, kein Golgi-Apparat	– komplexe Kompartimentierung – 80S-Ribosomen – charakteristische Zellorganellen: Mitochondrien, ER, Golgi-Apparat
Energiestoffwechsel	Atmungskette an Zytoplasmamembran lokalisiert	Atmungskette in Mitochondrien lokalisiert
Größe	1–10 Mikrometer	10–100 Mikrometer
Beispiele	Bakterien, Blaualgen	Pilze

Tab. 14: Physikumsrelevante Unterschiede Prokaryonten/Eukaryonten

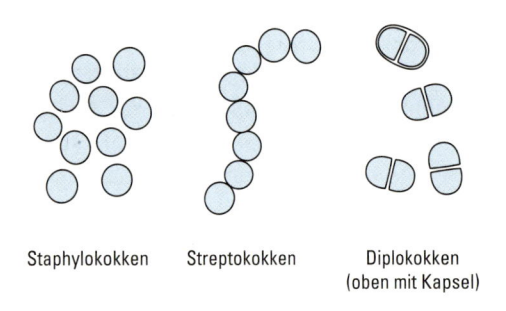

3 Allgemeine Mikrobiologie und Ökologie

Abb. 5: Kokken — Staphylokokken, Streptokokken, Diplokokken (oben mit Kapsel)

medi-learn.de/6-bio2-5

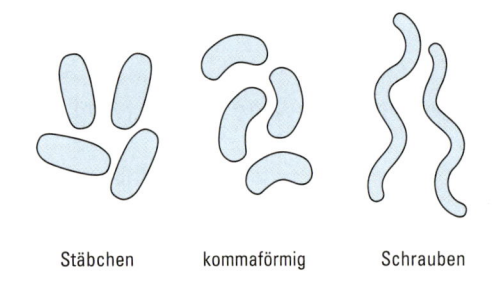

Abb. 6: Stäbchen und Schrauben — Stäbchen, kommaförmig, Schrauben

medi-learn.de/6-bio2-6

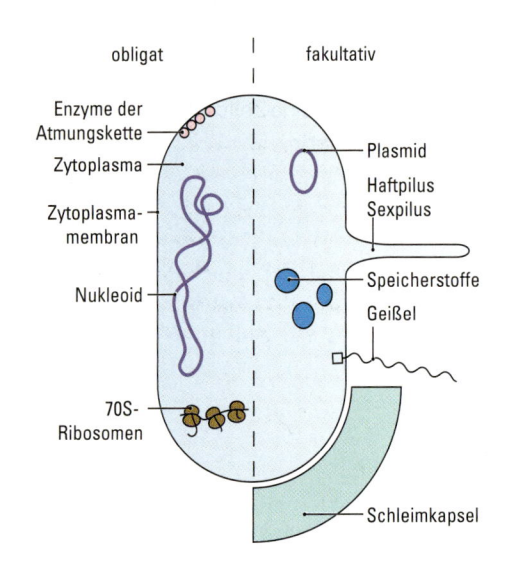

Abb. 7: Aufbau Bakterienzelle

obligat: Enzyme der Atmungskette, Zytoplasma, Zytoplasmamembran, Nukleoid, 70S-Ribosomen

fakultativ: Plasmid, Haftpilus, Sexpilus, Speicherstoffe, Geißel, Schleimkapsel

medi-learn.de/6-bio2-7

3.2.2 Bestandteile einer Bakterienzelle

Die Übersichtszeichnung in Abb. 7, S. 18 zeigt die obligaten und fakultativen Bestandteile einer Bakterienzelle, die in den folgenden Unterkapiteln näher erläutert werden.
Der Aufbau der Zellwand bei gramnegativen und grampositiven Bakterien wird im Kapitel 3.2.6, S. 24 behandelt.

3.2.3 Genetische Organisation einer Bakterienzelle

Im Gegensatz zu Eukaryonten haben Bakterienzellen keinen Zellkern, sondern ein **Nukleoid** (Kernäquivalent). Hier liegt die bakterielle DNA **ohne** schützende Kernmembran und frei von Histonproteinen vor (vgl. Zellkern Biologie 1, Abschnitt 1.4).
Der genetische Code (vgl. Biologie 1, Abschnitt 2.1.3) ist bei Bakterien etwas anders als bei Eukaryonten, da zum Teil andere Codons für die Aminosäuren codieren. Bakterien besitzen nur **ein** Chromosom, in dem die genetische Information in Form von **haploider**, doppelsträngiger DNA gespeichert ist. Dieses Chromosom ist ringförmig, relativ kurz und bietet daher nur Platz für ca. 1000 Gene.
Die Gene liegen größtenteils **singulär** vor. Im Falle einer Mutation kommt es also oft zu einem Ausfall des betreffenden Gens, da der Defekt nicht durch ein intaktes Allel kompensiert werden kann (da die bakterielle DNA ja haploid ist).
Ein weiterer Unterschied zu eukaryontischen Zellen besteht darin, dass die bakterielle DNA keine Introns besitzt. Hier liegen nur Exons vor, weshalb auch das Spleißen der hnRNA entfällt (vgl. mRNA-Reifung Biologie 1, Abschnitt 2.1.6).
Wie sind nun diese Gene auf dem bakteriellen Chromosom angeordnet? Die Gene liegen überwiegend in **Funktionseinheiten** (Operons) vor. Ein **Operon** besteht aus Strukturgenen und Kontrollelementen. Die Regulation ist relativ simpel: Über die Kontrollelemente wird die Ablesung der Strukturgene gesteuert.

3.2.3 Genetische Organisation einer Bakterienzelle

> **Merke!**
>
> Meistens werden **mehrere** Gene gleichzeitig abgelesen – ein Vorgang, den man **polycistronisch** nennt.

Plasmide

Plasmide sind kleine extrachromosomale ringförmige DNA-Moleküle, die zusätzlich zur chromosomalen Erbinformation in der Zelle vorliegen können. In der Regel enthalten diese Plasmide Gene, die z. B. eine Resistenz gegen Antibiotika vermitteln. Solche Resistenzen nennt man **R-Faktoren**. Sie können an bestimmten Stellen in das Hauptchromosom integriert werden, woraufhin ihre genetische Information abgelesen wird.

Plasmide haben aber auch die Fähigkeit, sich unabhängig vom Hauptchromosom zu replizieren. So können sehr viele Plasmidkopien hergestellt werden, welche z. B. die entsprechenden Resistenzgene besitzen.

Eine weitere wissenswerte Eigenschaft der Plasmide ist, dass sie zwischen den Bakterien (sogar zwischen unterschiedlichen Spezies) ausgetauscht werden können. Dadurch können Bakterien z. B. eine Resistenz erhalten, die sie nicht selbst durch eine (sehr unwahrscheinliche) Mutation erworben haben.

Es werden aber nicht nur Resistenzen ausgetauscht, sondern auch **F-Faktoren** (Fertilitätsfaktoren) und weitere **Virulenzfaktoren**. Solche Virulenzfaktoren übertragen z. B. Eigenschaften, die ein Bakterium aggressiver und pathogener machen. Beispiele für plasmidcodierte und damit austauschbare Eigenschaften sind Toxine und bakterielle Strukturen wie Fimbrien.

Die Fähigkeit der Bakterien, untereinander Plasmide auszutauschen, hat weitreichende praktische Folgen. Leidet ein Patient z. B. an einer Infektion mit Bakterien, die eine plasmidcodierte Antibiotikaresistenz gegen Penicillin aufweisen, kann sich die Resistenz auch auf andere, vorher nichtresistente Bakterien ausbreiten.

Folge: Wird dem Patienten als Antibiotikum Penicillin verabreicht, so zeigen sich alle Bakterien davon unbeeindruckt, die diese genetische Zusatzinformation besitzen. Sie haben also durch den Plasmidaustausch einen bedeutenden Selektionsvorteil erworben.

> **Merke!**
>
> Plasmide sind doppelsträngige, ringförmige, extrachromosomale DNA.

Parasexualität

Es gibt bei Bakterien drei verschiedene Möglichkeiten der parasexuellen Übertragung (nichtmeiotischen Rekombination) von genetischem Material:

- Bei der **Transformation** wird freie DNA **direkt** aufgenommen und ins Genom integriert. Diese Möglichkeit macht man sich medizinisch vor allem in der Gentechnik zunutze, indem man gereinigte DNA in die Bakterienzelle überträgt.
- Bei der **Transduktion** erfolgt der Transfer der DNA durch einen **Bakteriophagen**, der sie in das Bakterium injiziert. Dort wird die DNA dann in das Hauptgenom eingebaut.
- Bei der **Konjugation** wird zwischen zwei Bakterienzellen eine Zellplasmabrücke durch einen **Konjugationspilus** (Sexpilus) aufgebaut. Um einen solchen Pilus aufbauen zu können, brauchen Bakterien einen F-Faktor (Fertilitätsfaktor). **F+** bezeichnet das Vorliegen eines solchen Faktors, bei **F−** fehlt er. Der Vorteil eines F+-Bakteriums ist seine zusätzliche Quelle von Genen, über die Resistenzen und Virulenzfaktoren erworben werden können.

> **Merke!**
>
> Trans**f**ormation: Übertragung von **f**reier DNA
> Transduktion: Übertragung von DNA mittels Bakteriophagen

3 Allgemeine Mikrobiologie und Ökologie

> **K**onjugation: Übertragung von DNA mittels **K**onjugationspilus (Sexpilus)
> Bakteriophage: ein Virus, das nur Bakterien befällt.

Transposons

Transposons sind mobile genetische Einheiten. Man nennt sie auch **springende Gene**. Solch ein springendes Gen besitzt flankierende DNA-Sequenzen, die für eine Integration ins bakterielle Hauptchromosom, in ein anderes Plasmid oder in das Genom eines Bakteriophagen sorgen. Ein Transposon kann z. B. der Überträger einer Antibiotikaresistenz sein. Inseriert ein Transposon mitten in einem bakteriellen Gen, so führt dies zu einem Unfall = einer Mutation. Ist das Gen überlebenswichtig, kann dadurch das Bakterium absterben.

3.2.4 Zytoplasma

Das bakterielle Zytoplasma besteht zum größten Teil aus Wasser (ca. 70 %). Weitere Bestandteile sind verschiedene Eiweiße, Ionen, RNAs, Zucker und Stoffwechselintermediate. Aufgrund der Prüfungsrelevanz beschäftigen wir uns hier zum einen mit den prokaryontischen Ribosomen, zum anderen mit wichtigen bakteriellen zytoplasmatischen Enzymen: den Restriktionsendonukleasen.

Bakterielle Ribosomen

Das Zytoplasma ist bei Bakterien der Ort der Proteinbiosynthese. In Bakterien gibt es nämlich kein endoplasmatisches Retikulum. Daher wird die mRNA nur von freien Ribosomen abgelesen, an denen auch die Proteine entstehen. Solche freien prokaryontischen Ribosomen unterscheiden sich in ihrem Aufbau von den eukaryontischen Ribosomen.

Es ist üblich, anstatt der Masse die Sedimentationskoeffizienten der Ribosomen anzugeben. Diese S-Werte sind NICHT additiv, daher ergeben die prokaryontischen 30S- und 50S-Untereinheiten ein 70S-Ribosom, und das eukaryontische 80S-Ribosom setzt sich aus einer 60S- und einer 40S-Untereinheit zusammen. Jede dieser Untereinheiten besteht aus **Proteinen** und **rRNA**.

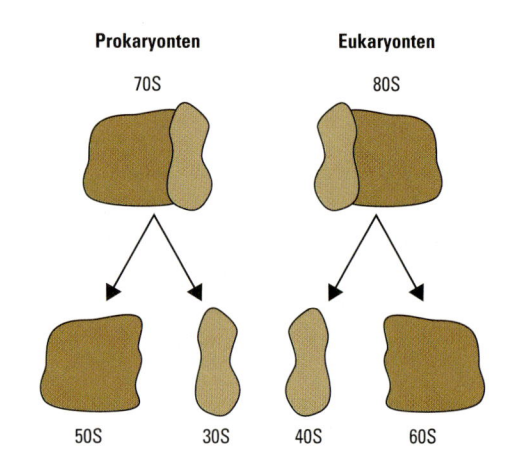

Abb. 8: Ribosomen — medi-learn.de/6-bio2-8

> **Merke!**
>
> Prokaryontische Ribosomen (70S) sind zwar aus anderen Untereinheiten aufgebaut als eukaryontische Ribosomen (80S), haben aber die gleiche Funktion: die Proteinbiosynthese.

Der unterschiedliche Aufbau der pro- und eukaryontischen Ribosomen wird noch einmal bei der Besprechung der Antibiotika (s. 3.4, S. 32) relevant, da die 70S-Ribosomen **selektiv** angegriffen werden können.

Restriktionsendonukleasen

Restriktionsendonukleasen sind **bakterielle Endonukleasen** (Enzyme), die im Zytoplasma vorliegen. Dort zerschneiden sie Fremd-DNA an spezifischen Sequenzen, sodass die fremde genetische Information zerstört wird. Bildlich kann man sich diese kleinen Enzyme als Ak-

3.2.4 Zytoplasma

tenvernichter vorstellen, die unliebsame Rechnungen (die fremde DNA), die durch den Briefschlitz ins Haus (Bakterium) gekommen sind, zerstören.

> **Merke!**
>
> Restriktionsendonukleasen sind bakterielle Enzyme. Sie kommen beim Menschen nicht vor.

Viele Restriktionsenzyme spalten die DNA an palindromischen Sequenzen. Ein **Palindrom** ist eine zu sich selbst gegenläufige Sequenz. Anders ausgedrückt: Strang und Gegenstrang haben – wenn man sie beide in 5´-3´-Richtung liest – jeweils die gleiche Sequenz.

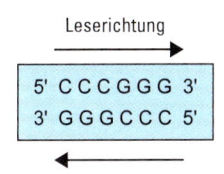

```
        Leserichtung →
      5' C C C G G G 3'
      3' G G G C C C 5'
        ← 
```

Abb. 9: Palindrom   *medi-learn.de/6-bio2-9*

Grundsätzlich können beim Schneiden stumpfe oder klebrige Enden entstehen. Liegen die Schnittstellen in beiden Strängen genau gegenüber, entstehen stumpfe Enden (blunt ends). Sind die Schnittstellen versetzt, entstehen klebrige Enden (sticky ends), die die Fähigkeit haben, erneut aneinander zu binden.

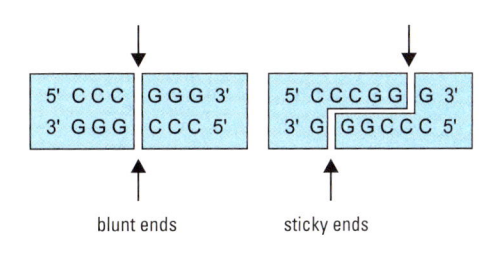

```
   ↓              ↓
5' CCC | GGG 3'   5' CCCGG | G 3'
3' GGG | CCC 5'   3' G | GGCCC 5'
   ↑              ↑
 blunt ends       sticky ends
```

Abb. 10: Restriktionsendonukleasen

medi-learn.de/6-bio2-10

In der Gentechnik macht man sich das spezifische Schneideverhalten der Restriktionsenzyme zunutze. Man kann z. B. ganz bestimmte DNA-Sequenzen herstellen, diese in einen Vektor (Überträger) einbringen und in ein anderes Zellgenom einführen. Auf diese Weise ist es möglich, Gene für Insulin in Bakterien einzuschleusen – eine elegantere und sauberere Möglichkeit, das Hormon zu gewinnen, als es aus den Bauchspeicheldrüsen von Tierkadavern zu extrahieren.

DAS BRINGT PUNKTE

Bei der allgemeinen Mikrobiologie und Ökologie liegt der Prüfungsschwerpunkt auf dem Bereich der Mikrobiologie. Hier sind noch einmal die Punktebringer der oft gefragten Unterthemen **„genetische Organisation"** und **„Bakteriengenetik"** aufgeführt. Unbedingt merken solltest du dir, dass
- Bakterienzellen ein Nukleoid (Kernäquivalent) haben,
- Bakterien ein ringförmiges singuläres Chromosom besitzen, in dem KEINE Introns vorkommen,
- der genetische Code bei Bakterien etwas anders ist als bei Eukaryonten,
- Plasmide doppelsträngige, ringförmige, extrachromosomale DNA sind,
- Plasmide R-Faktoren (Resistenzfaktoren), F-Faktoren (Fertilitätsfaktoren) oder andere Virulenzfaktoren beinhalten können,
- Plasmide zwischen Bakterien (auch zwischen unterschiedlichen Spezies) ausgetauscht werden können,
- bei der Transformation freie DNA übertragen wird,
- bei der Transduktion der Transfer der DNA durch einen Bakteriophagen erfolgt und
- bei der Konjugation die Übertragung von DNA über einen Konjugationspilus gelingt.

FÜRS MÜNDLICHE

Die nun folgenden Fragen zum Thema allgemeine Bakteriologie kannst du unter anderem für eine Prüfungssimulation in deiner Lerngruppe verwenden.

1. Können Sie mir sagen, was ein Plasmid ist?

2. Zeichnen Sie bitte ein beliebiges Palindrom und erläutern Sie die medizinische Relevanz.

3. Erläutern Sie, was Parasexualität in Bezug auf Mikroorganismen bedeutet!

---

1. Können Sie mir sagen, was ein Plasmid ist?
Plasmide sind kleine, extrachromosomale, ringförmige DNA-Moleküle. Sie liegen zusätzlich zur chromosomalen Erbinformation in der Zelle vor. Plasmide können ins Hauptgenom integriert werden – dann wird ihre Information abgelesen – oder an andere Bakterienzellen weitergegeben werden. Solch eine Gen-Weitergabe über einen Konjugationspilus ist ein Beispiel für Parasexualität bei Bakterien.

Plasmide können sogenannte R-Faktoren enthalten, die Resistenzen gegen bestimmte Antibiotika vermitteln.

2. Zeichnen Sie bitte ein beliebiges Palindrom und erläutern Sie die medizinische Relevanz.
- Palindrom:
  - GTTAAC
  - CAATTG
- Medizinische Relevanz:
  - Bakterien besitzen Restriktionsendonukleasen, die DNA an spezifischen,

FÜRS MÜNDLICHE

palindromischen Sequenzen spalten können. So kann Fremd-DNA, die z. B. von einem Bakteriophagen injiziert wurde, abgewehrt werden.
- In der Gentechnik erzeugt man mit Hilfe der Restriktionsendonukleasen bestimmte DNA-Sequenzen und integriert diese in Bakterienzellen. So wird der Syntheseapparat der Bakterien ausgenutzt, um z. B. Insulin zu produzieren.

3. Erläutern Sie, was Parasexualität in Bezug auf Mikroorganismen bedeutet!
Man unterscheidet drei verschiedene Arten der Parasexualität von Bakterien:
Bei der Transformation wird freie DNA übertragen. Bei der Transduktion erfolgt der Transfer der DNA durch einen Bakteriophagen. Bei der Konjugation wird ein Konjugationspilus genutzt, um die DNA zu übermitteln.

Mehr Cartoons unter www.medi-learn.de/cartoons

Pause

Ganzkörper-Apoptose? Mach eine kurze Pause ...

3 Allgemeine Mikrobiologie und Ökologie

3.2.5 Zellmembran

Wie alle biologischen Membranen ist auch die bakterielle Zellmembran eine Einheitsmembran. Im Gegensatz zur menschlichen Zelle enthält sie aber **KEIN Cholesterin**.
Manche bakteriellen Toxine greifen gezielt am Cholesterin an, ein sehr passender Mechanismus, da das toxinbildende Bakterium dadurch selbst nicht beschädigt wird.

Energiestoffwechsel

In der Zellmembran befinden sich bei den Bakterien die Enzyme der Atmungskette. Diese sind auf der Innenseite der Membran lokalisiert. Bakterien haben KEINE Mitochondrien zur ATP-Synthese. Man nimmt vielmehr an, dass unsere Mitochondrien sich aus Bakterien entwickelt haben (s. Endosymbiontentheorie, Skript Biologie 1).

3.2.6 Zellwand

Fast alle Bakterien haben zusätzlich zur Zellmembran eine Zellwand, die sich wie ein Sack um die Bakterienzelle stülpt. Grundbaustein der Zellwand ist das **Murein**, ein lineares Heteroglykan, das lange Polysaccharidfäden ausbildet. Diese sind untereinander quervernetzt, sodass ein Mureinsack (Mureinsacculus) entsteht.
Die bakterielle Zellwand hat mehrere Funktionen:
- Ihre Hauptaufgabe ist sicherlich der Schutz des Bakteriums vor äußeren Umwelteinflüssen = eine **mechanische Aufgabe**. Bedenkt man außerdem, dass in einem Bakterium Überdruck herrscht, so wird die Zelle durch die Zellwand vor spontaner Lyse bewahrt. Die Zellwand wirkt hier wie ein Korsett. Wird dieses Korsett an einer Stelle beschädigt, kann das Bakterium regelrecht auslaufen. Das Prinzip kannst du dir an einem Fahrradreifen verdeutlichen: Auch hier herrscht ein Überdruck im Reifen. Beim Aufschlitzen mit einem Taschenmesser entweicht die Luft schwallartig und der Reifen ist platt.
- Wie bereits besprochen, ist die Ultrastruktur der Zellwand für die äußere Morphologie (Kokkus, Stäbchen) verantwortlich (s. 3.2.1, S. 17). Daneben kann sie noch weitere Strukturen, wie z. B. Pili, organisieren.
- Schließlich wird durch die **Ultrafiltrationsfunktion** der Zellwand eine selektive Stoffaufnahme und -abgabe gewährleistet; Stoffe, die nicht durch die Maschen des Mureinsacks passen, bleiben daher draußen.

Da Bakterien **von außen in Form** gehalten werden, benötigen sie kein Zytoskelett, wie es eukaryontische Zellen besitzen, um damit ihre Form zu wahren.

Der Aufbau der Zellwand ist bei grampositiven und gramnegativen Bakterien sehr unterschiedlich. Vereinfachend kann man sagen, dass bei grampositiven Bakterien das Mureinnetz aus bis zu 40 Schichten besteht, bei gramnegativen Bakterien sind es wesentlich weniger.

> **Merke!**
>
> Das Kohlenhydratmakromolekül Murein ist charakteristisch für die Zellwand von Bakterien, da Murein sonst nicht in der Natur vorkommt.

Übrigens ...
Lysozym – ein Enzym, das beim Menschen in der Tränenflüssigkeit, dem Speichel und in anderen Drüsensekreten vorkommt – hat die Fähigkeit, Mureinverbindungen zu spalten. Es gehört zur unspezifischen Immunabwehr.

3.2.6 Zellwand

Gramfärbung

Die Gramfärbung (s. Abb. 11, S. 25) erlaubt die Klassifizierung in grampositive und gramnegative Bakterien. Zunächst färbt man dabei die Bakterien mit einem blauen Farbstoff (Gentianaviolett). Dann behandelt man sie mit Alkohol und färbt mit einem roten Farbstoff (Carbolfuchsin) gegen. Folge:

- Bei Bakterien mit dicker Zellwand (guter Mureinausstattung) wird der blaue Farbstoff nicht durch den Alkohol ausgewaschen. Diese Bakterien bleiben daher blau und werden als grampositiv bezeichnet.
- Bei Bakterien mit dünner Zellwand (geringen Mureinmengen) wird der blaue Farbstoff durch den Alkohol ausgewaschen. Diese Bakterien werden rot gegengefärbt und als gramnegativ bezeichnet.

> **Merke!**
>
> Gramnegative Bakterien erscheinen rot, grampositive blau.

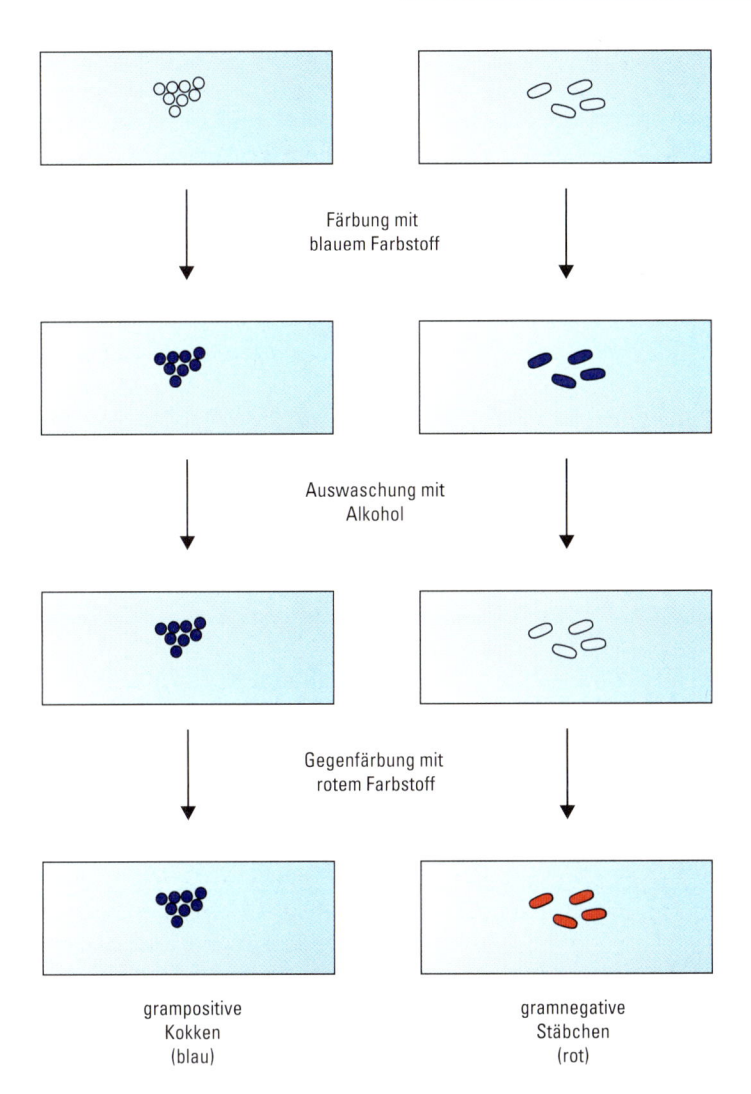

Abb. 11: Grampositive und gramnegative Bakterien

medi-learn.de/6-bio2-11

3 Allgemeine Mikrobiologie und Ökologie

Aufbau gramnegativer und grampositiver Bakterien

Grampositive Bakterien weisen einen dicken Mureinsacculus auf. Darauf sind weitere Makromoleküle lokalisiert, die in der Wand (Teichonsäuren) oder in der Zellmembran (Lipoteichonsäuren) verankert sind. **Teichonsäuren** und **Lipoteichonsäuren** wirken pyrogen (fiebererzeugend).

Gramnegative Bakterien besitzen nur eine dünne Mureinschicht, aber viele Lipoproteine. Sie haben außerdem noch eine **äußere Membran**, in der **Lipopolysaccharide** (LPS) verankert sind. Das ist deshalb so wichtig, weil diese Lipopolysaccharide **Endotoxine** sind und wie Teichon- und Lipoteichonsäuren pyrogen wirken (s. Abb. 12, S. 26).

> **Übrigens ...**
> Kommt es unter einer Antibiotikatherapie zum massenhaften Absterben von z. B. **gramnegativen** Bakterien, so droht eine Schock- und Fiebersymptomatik. Erklärung: Bakteriensterben → Auflösung der äußeren Membran → Freisetzung von LPS.

Toll-Like-Rezeptoren (TLRs) sind Rezeptoren, die bestimmte krankheitsselektive molekulare Muster erkennen (**PAMPs** = pathogen associated molecular patterns), die mit pathogenen Mikroorganismen, z. B. Bakterien und Viren assoziiert sind. Man zählt sie daher zu den **PRRs** (pattern recognition receptors). TLRs befinden sich auf Makrophagen, deren Phagozytosefähigkeit dadurch erleichtert wird. Bisher sind elf verschiedene TLRs bekannt; u. a. wurden bakterielles Peptidoglykan und Lipoprotein, LPS und virale-RNA als Liganden nachgewiesen.

L-Formen

Manche Bakterien können nach Verlust der Zellwand weiter überleben. Sie nehmen dann die **L**-Form an (im **L**ister-Institut in London wurden die zellwandlosen Formen zuerst beschrieben). Dieser Zellwandverlust kann z. B. durch Antibiotika entstehen. Nach Abfallen des Wirkspiegels eines Antibiotikums können diese L-Formen ihre Wand allerdings wieder aufbauen und dann einen Rückfall verursachen. L-Formen sind den Mykoplasmen morphologisch ähnlich, die von vornherein keine Zellwand haben.

Mykoplasmen

Mykoplasmen sind sehr kleine Bakterien, die **keine Zellwand** besitzen. Dafür haben sie ein inneres Stützgerüst aus Proteinen und sind sehr formvariabel. Aufgrund der fehlenden

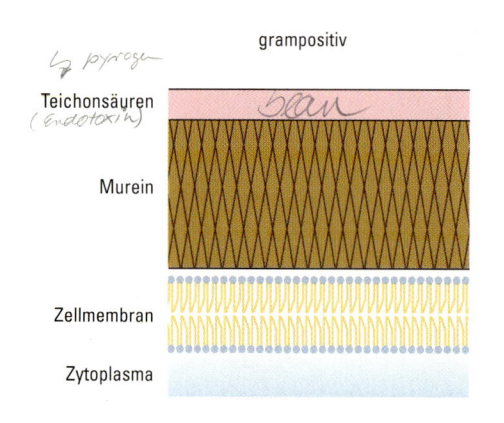

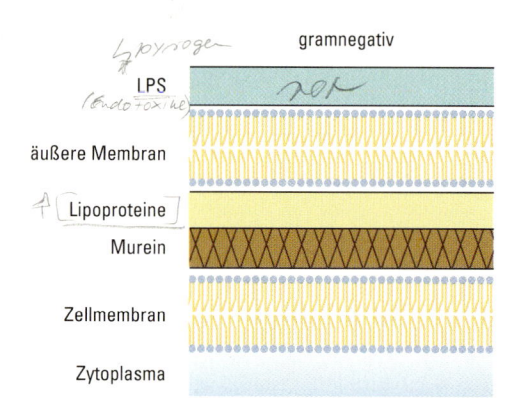

Abb. 12: Aufbau grampositiver und gramnegativer Bakterien

Zellwand verfügen sie über eine **natürliche Resistenz** gegenüber Penicillin, dem Antibiotikum, das die Zellwandneusynthese (s. 3.4, S. 32) hemmt.

Chlamydien

Chlamydien sind eine eigene Unterart von gramnegativen Bakterien, die sich obligat intrazellulär vermehren. Daher rechnete man sie bis vor 50 Jahren noch zu den Viren. Sie sind eine klinisch relevante Gruppe von pathogenen Erregern und können z. B. zu Lungenentzündungen, Bindehautentzündungen (besonders bei Neugeborenen) und Entzündungen im Genitalbereich führen.

Mykobakterien

Mykobakterien sind unbewegliche Stäbchen. Sie ähneln vom Wandaufbau den grampositiven Bakterien, haben allerdings in ihrer Wand einen **sehr hohen Wachs- und Lipidanteil**. Dieser bedingt ihre besondere Resistenz gegenüber Umwelteinflüssen.

Eine Anfärbung dieser Bakterien gelingt daher auch nur mit intensiven Methoden = heißer Farblösung. Sind die Mykobakterien jedoch einmal gefärbt, können sie auch mit Alkohol oder Säure nicht entfärbt werden. Daher werden sie auch als **säurefeste Stäbchen** bezeichnet.

> **Übrigens ...**
> Die Tuberkulose (Schwindsucht) wird durch Mykobakterien verursacht.

Mykobakterien haben eine sehr lange Generationszeit von bis zu 24 Stunden. Dieses Phänomen lässt sich über die aufwendige Synthese der Zellwand (aufgrund des Wachs- und Lipidreichtums) erklären.

3.2.7 Kapsel

Manche Bakterien haben die Fähigkeit zur Bildung einer Schleimkapsel. Solch eine Kapsel erhöht die Virulenz des Bakteriums, da sie einen **Schutz vor Phagozytose** darstellt. Ein Beispiel dafür sind die Pneumokokken, die Kapseln ausbilden und sich so vor Makrophagen schützen können.

DAS BRINGT PUNKTE

Hier sind noch einmal die oft gefragten Fakten zu den Abschnitten „**Zellmembran**", „**bakterielle Zellwand**" und „**Kapsel**" aufgeführt. Du solltest dir aus diesen Bereichen besonders merken, dass
- Grundbaustein der Zellwand das Heteroglykan Murein ist,
- die Funktionen der Zellwand die Aufrechterhaltung der äußeren Form eines Bakteriums, die Ultrafiltration und der Schutz vor mechanischen Umwelteinflüssen sind,
- mit der Gramfärbung grampositive (erscheinen blau) und gramnegative Bakterien (erscheinen rot) unterschieden werden können,
- grampositive Bakterien einen dicken Mureinsacculus besitzen, gramnegative Bakterien dagegen wesentlich schwächer mit Murein ausgestattet sind,
- gramnegative Bakterien in der äußeren Membran Lipopolysaccharide (LPS) besitzen, die beim Bakterienzerfall pyrogen wirken,
- L-Formen diejenigen Bakterien sind, die nach Zellwandverlust weiterleben können,
- Mykoplasmen keine Zellwand besitzen und daher eine natürliche Resistenz gegenüber Penicillin haben,
- Mykobakterien zu den säurefesten Stäbchen zählen und eine besonders resistente Zellwand haben, was der Grund für ihre lange Generationszeit ist und
- der Zellwand eine Kapsel aufliegen kann und diese vor Phagozytose schützt.

FÜRS MÜNDLICHE

Gramfärbungen und pyrogene Bakterien wirst du in deiner klinischen Ausbildung bald wiedertreffen. Merke dir daher die Antworten auf die folgenden Fragen.

1. Bitte unterscheiden Sie grampositive und gramnegative Bakterien!

2. Wissen Sie, wofür LPS steht?

1. Bitte unterscheiden Sie grampositive und gramnegative Bakterien!
Die Gramfärbung erlaubt die Klassifizierung in grampositive und gramnegative Bakterien. Dabei erscheinen grampositive Bakterien blau und gramnegative rot.

Der unterschiedlichen Anfärbbarkeit liegen Besonderheiten im Zellwandaufbau zugrunde. Vereinfacht kann man sagen, dass grampositive Bakterien eine dicke Zellwand aus vielen Mureinschichten haben. Murein ist ein Heteroglykan, das nur bei Bakterien vorkommt. Dadurch verbleibt der blaue Farbstoff in ihrer Wand.
Gramnegative Bakterien sind wesentlich schlechter mit Murein ausgestattet: Der blaue Farbstoff lässt sich leicht entfernen, die Bakterien erscheinen daher rot gegengefärbt.

2. Wissen Sie, wofür LPS steht?
LPS ist die Abkürzung für Lipopolysaccharide. Sie kommen auf der äußeren Membran von gramnegativen Bakterien vor. Sie wirken pyrogen (fiebererzeugend).

Mehr Cartoons unter www.medi-learn.de/cartoons

Pause

Zeit für eine weitere kleine Ruhepause ...

3 Allgemeine Mikrobiologie und Ökologie

3.2.8 Fimbrien (Pili)

Fimbrien (Pili) sind Fortsätze an der Oberfläche von Bakterien (s. Abb. 7, S. 18). Man unterscheidet
- **Haftpili**, die für Adhäsionskontakte z. B. an Epithelien benötigt werden von
- **Konjugationspili** (Sexpili), über die genetisches Material übertragen werden kann (s. Parasexualität, S. 19).

3.2.9 Geißeln

Manche Stäbchenbakterien besitzen die Fähigkeit, Geißeln auszubilden. Geißeln sind Fortbewegungsorganellen, die aus repetitiven Proteineinheiten aufgebaut sind. Das Protein heißt **Flagellin**. Diese Proteinfäden haben die Eigenschaft, wie ein Propeller zu rotieren und dadurch das Bakterium fortzubewegen. Man bezeichnet das Flagellin auch als H-Antigen. Da es in unterschiedlichen Formen vorkommt, kann man es zur Bakterientypisierung begeißelter Bakterien (z. B. E. coli) benutzen.
Geißeln sind in der bakteriellen Zellwand und Zellmembran verankert. Je nach Art der Begeißelung unterscheidet man monotriche (eine Geißel), lophotriche (ein Bündel von Geißeln) und peritriche (über die ganze Zelle verteilte) Begeißelung.

monotrich   lophotrich   peritrich

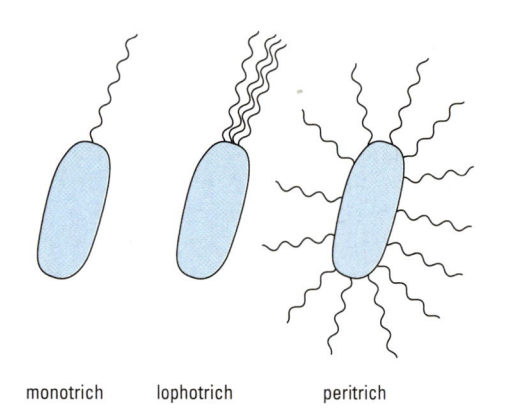

Abb. 13: Begeißelung   medi-learn.de/6-bio2-13

> **Merke!**
>
> Alle Kokken sind unbegeißelt und daher unbeweglich.

Schraubenbakterien können sich auch ohne Geißeln fortbewegen, indem sie um die eigene Achse rotieren.

3.2.10 Bakterielle Sporen

Bestimmte Bakterien haben die Fähigkeit zur **Sporulation**. Sie können unter ungünstigen Bedingungen eine wasserarme Dauerform (Spore) ausbilden. Sporen enthalten die genetische Information des Bakteriums, etwas Zytoplasma und eine sehr robuste Sporenwand. Sie haben einen reduzierten Stoffwechsel und sind widerstandsfähig gegen Erhitzen, Austrocknen und andere Umwelteinflüsse. Unter günstigen Lebensbedingungen kann die Spore sich wieder in die **vegetative Form** eines Bakteriums (normale Lebensform) umwandeln.

> **Merke!**
>
> - Sporen können nur von bestimmten Bakteriengattungen wie **Clostridien** und **Bacillus** gebildet werden.
> - Es entsteht immer nur **eine** Spore aus **einem** Bakterium.
> - Im Gegensatz zu Pilzsporen dienen bakterielle Sporen NICHT der Vermehrung.

Übrigens ...
Bacillus anthracis ist der Erreger des Milzbrandes. Während des Zweiten Weltkriegs experimentierten die Engländer auf einer Insel mit Milzbrandsporen, woraufhin die Insel bis in die 1990er Jahre unbewohnbar war ...

3.3 Bakterienphysiologie

In diesem Abschnitt geht es darum, welche Ansprüche Bakterien an ihr Nährmedium stellen, damit sie im Körper oder auf einer Laborplatte wachsen können.

3.3.1 Nährmedium

Für die Anzucht von Bakterien kann man flüssige oder feste Nährböden benutzen. Wenn ein Bakterium sich vermehrt, wird bei der flüssigen Kultur eine **Trübung** und bei dem festen Nährboden eine **Kolonie** sichtbar.

Ein festes Nährmedium stellt man z. B. mit Agar her, einer Substanz aus Tang, die auch bei höheren Temperaturen ihre Konsistenz bewahrt.

Um zu wachsen, brauchen Bakterien Nährstoffe, die den Nährböden zugesetzt werden:
- Kohlenstoff wird in Form von Glucose zugesetzt, die Stickstoffquelle ist meist Pepton (verkochtes Fleisch).
- Von den Mikroelementen wie z. B. Fe und Cu braucht ein Bakterium wesentlich weniger.

Meistens reicht eine Bebrütungszeit von 12 Stunden, um eine Kultur zu bewerten. Ausnahme: langsam wachsende Bakterien wie Mykobakterien (s. Mykobakterien, S. 27).

3.3.2 Verhalten gegenüber Sauerstoff

Es gibt sowohl **obligat aerobe** Bakterien, die nur in Anwesenheit von Sauerstoff wachsen, als auch **obligat anaerobe** Keime, für die Sauerstoff schädlich ist (s. Abb. 14, S. 31).

Aerobe Keime gewinnen ihre Energie über die Atmungskette, für anaerobe Bakterien besteht diese Möglichkeit nicht – sie nutzen die Gärung.

Zwischen diesen beiden Extremen sind die **fakultativ anaeroben** und die **fakultativ aeroben** Bakterien einzuordnen. Fakultativ anaerobe Bakterien sind in der Regel aerob, können aber durchaus auch auf anaerobe Stoffwechselwege umschalten. Analog dazu sind die fakultativ aeroben Keime normalerweise anaerob, können aber auch auf aerobe Energiegewinnung ausweichen.

Zusätzlich dazu gibt es noch die **capnophilen** Keime, die einen hohen CO_2-Anteil in ihrer Umgebung bevorzugen.

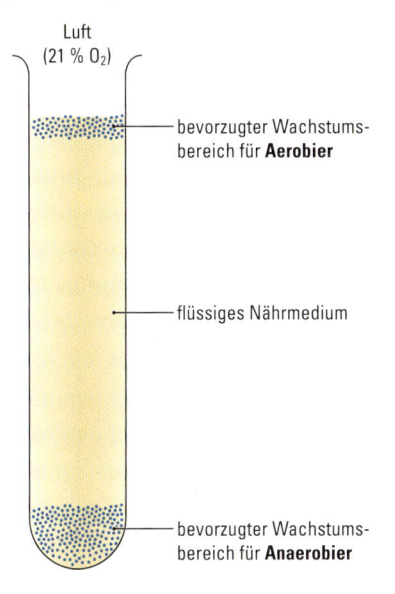

Abb. 14: Verhalten gegenüber Sauerstoff

medi-learn.de/6-bio2-14

3.3.3 Exkurs: Clostridienstämme

Clostridien (grampositive Stäbchen) sind nicht nur Sporenbildner (s. 3.2.10, S. 30), sondern auch ein gutes Beispiel für anaerobe Bakterien. Insgesamt existieren vier Unterarten, deren prüfungsrelevante Besonderheiten im Folgenden erläutert werden.

1. Das Bakterium **Clostridium botulinum** produziert das **Botulinumtoxin** (Botox), welches das stärkste bekannte Gift darstellt. Es hemmt die Acetylcholinfreisetzung an der motorischen Endplatte und führt so zu schlaffen Lähmungen. Klinisch kommt es zunächst an den kleinen Augenmuskeln zu Symptomen: Das früheste Anzeichen sind Doppelbilder. Die Lähmungen können dann weiter fortschreiten und durch eine Atemlähmung zum Tod führen.

3 Allgemeine Mikrobiologie und Ökologie

Es gibt mehrere Botoxunterarten (A bis F), die zum Teil über unterschiedliche Mechanismen die Acetylcholinfreisetzung hemmen. Subtyp B greift z. B. am SNARE-Protein (soluble N-ethylmaleimide-sensitive-factor attachment receptor) an und hemmt die Verschmelzung der Vesikel mit der Zellmembran.

Der Name Clostridium botulinum kommt von lat. botulus: Wurst. Denn in Wurstkonservenbüchsen war zu Zeiten früher Konservierungstechniken, in denen Sporen nicht zuverlässig vernichtet wurden, eine sauerstoffarme, optimale Umgebung für das Auskeimen dieser Anaerobier gegeben.

> Übrigens ...
> Botox wird gerne in der Schönheitschirurgie benutzt, um Falten „wegzuspritzen".

2. **Clostridium tetani** produziert das **Tetanustoxin**. Dieses Neurotoxin hemmt die Neurotransmitterausschüttung (GABA und Glycin) an den inhibitorischen Synapsen spinaler Motoneurone. Hierbei wirkt es als Metalloprotease und spaltet ein bei der Exozytose der Transmitter unabdingbares Molekül: das Synaptobrevin. Durch den Wegfall der Inhibition kommt es zur Übererregbarkeit der Motoneurone. So sind die auftretenden spastischen Lähmungen zu erklären. Klinisch imponiert unter anderem der Risus sardonicus (Teufelsgrinsen), bei dem die Gesichtsmuskulatur sich zu einem „Lächeln" verkrampft.
3. **Clostridium perfringens** ist der Auslöser des Gasbrandes. Damit bezeichnet man eine rasch fortschreitende nekrotisierende Faszienentzündung, die nur sehr selten auftritt. Sporen von Clostridien findet man im Erdboden (anaerobes Milieu). Wenn sie mit Staub und Dreck tief genug in eine Wunde gelangen, sind sie vor Sauerstoff geschützt und erfreuen sich bester Gedeihbedingungen. Dieser Infektionsweg ist klassisch für Tetanus und das Clostridium perfringens. Bei verschmutzten Wunden sollte man daher immer den Impfschutz gegen Tetanus überprüfen.
4. **Clostridium difficile** ist für antibiotikainduzierte Durchfälle verantwortlich. Die ausgelöste Erkrankung heißt pseudomembranöse Kolitis.

3.3.4 Verhalten gegenüber pH und Temperatur

Humanpathogene Keime bevorzugen beim pH-Wert und der Temperatur logischerweise das Milieu, welches im menschlichen Körper vorherrscht: Sie haben ein Temperaturoptimum bei 37 Grad und schätzen einen relativ neutralen pH-Wert. Daher sind die Eintrittspforten des Körpers für viele Keime eine unüberwindbare Barriere – z. B. das saure Milieu des Magens (pH 1) oder der Scheide (pH 4,5).

> Übrigens ...
> Es gibt ein Bakterium, das sich speziell an das Überleben im sauren Magenmilieu angepasst hat. Es heißt Helicobacter pylori und ist für viele Magengeschwüre verantwortlich.

3.4 Antibiotika

Antibiotika sind Mittel zur Bekämpfung von Mikroorganismen. Substanzen, welche die Vermehrung und das Wachstum von Bakterien hemmen, bezeichnet man als bakteriostatisch. Stoffe, die Bakterien abtöten, nennt man bakterizid (s. Abb. 15, S. 33). Diese Begrifflichkeiten gelten analog für Pilze: fungistatisch und fungizid. Es gibt zwar eine Vielzahl verschiedener Antibiotika – im Rahmen der Biologie sind glücklicherweise jedoch nur solche mit den hier dargestellten zwei Angriffspunkten prüfungsrelevant. Weitere prüfungsrelevante Antibiotika erwarten dich in Band 4 der Biochemie.

3.4.1 Angriff am prokaryontischen Ribosom

– Das Antibiotikum Chloramphenicol hemmt die große (50S-)Untereinheit der Prokary-

3.4.2 Angriff an der Zellwand

onten. Die große Untereinheit der eukaryontischen Ribosomen wird dagegen nicht beeinflusst.
- Tetrazyclin wirkt an der kleinen (30S-)Untereinheit der Prokaryonten hemmend. Aufgrund der unterschiedlichen Bauweise werden eukaryontische Ribosomen auch von diesem Antibiotikum nicht beeinflusst.

Beide Wirkstoffe hemmen also durch Angriff an den prokaryontischen Ribosomen die prokaryontische Proteinbiosynthese. Trotzdem weisen sie beim Menschen Nebenwirkungen auf, da sie die Translation in unseren Mitochondrien stören, die ja ebenfalls 70S-Ribosomen besitzen (s. Endosymbiontentheorie, Skript Biologie 1).

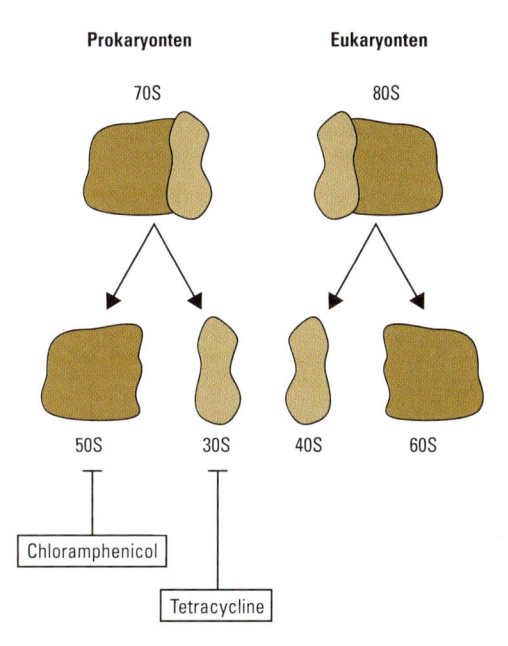

Abb. 16: Angriff am Ribosom *medi-learn.de/6-bio2-16*

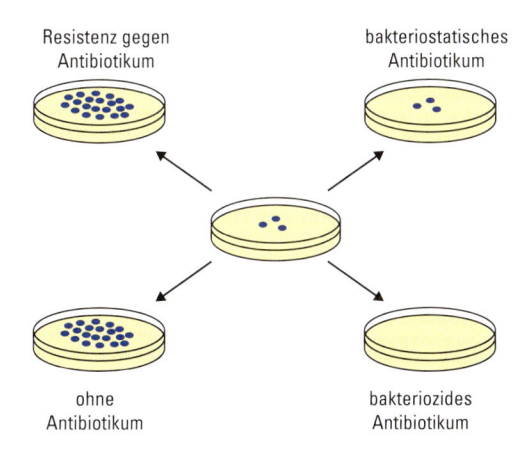

Abb. 15: Antibiotika-Wirkungen

medi-learn.de/6-bio2-15

3.4.2 Angriff an der Zellwand

Penicilline gehören zu den **β-Lactam-Antibiotika** (sie besitzen einen sehr reaktiven β-Lactamring). Ihre Wirkung besteht in der Hemmung eines bakteriellen Enzyms: der Transpeptidase. Diese ist für die Quervernetzung der Mureineinheiten in der Zellwand zuständig. Am empfindlichsten sind daher grampositive Bakterien, da sie eine dicke Zellwand aufweisen.

3.4.3 Resistenzen

Hier unterscheidet man natürliche von erworbenen Resistenzen. Eine **natürliche Resistenz** liegt in den charakteristischen Eigenschaften von Bakterien begründet. Beispiel: Gegen Mykoplasmen, die keine Zellwand besitzen, wird man mit Penicillin wenig ausrichten können.
Erworbene Resistenzen entstehen durch Mutationen und können durch Plasmide verbreitet werden. Beispiel: Die Gene für **β-Lactamasen**, die den essenziellen β-Lactamring des Penicillins spalten und dadurch das Antibiotikum inaktivieren.

Für solche Fälle hat man glücklicherweise heute die **Betalactamaseinhibitoren**, die einem empfindlichen Penicillin beigemischt werden können und es damit vor dem Abbau schützen.

MRSA

Ein wichtiger Keim, den du im Zusammenhang mit Resistenzen kennen solltest, ist **MRSA**. Die Abkürzung steht für „methicillinresistenter Staphylococcus aureus". Zwar führen MRSA-Keime nicht häufiger zu Infektionen als normale Staphylococcus-aureus-Stämme, aber da es sich um einen multiresistenten Keim handelt, ist er schlecht behandelbar. Eine antibiotische Therapie sollte daher nur nach individueller Resistenzprüfung durchgeführt werden. Meist kommen dafür Reserveantibiotika (z. B. Vancomycin) zum Einsatz.

Übrigens …
Eine Übertragung von MRSA erfolgt häufig nosokomial, d. h. im Krankenhaus. Die größte Gefahr geht für die Patienten von kontaminierten Händen des medizinischen Fachpersonals aus. Um die Ansteckungsgefahr zu minimieren, werden daher betroffene Patienten im Krankenhaus meist isoliert.

Merke!

Ein Überleben von Bakterien, die eigentlich durch einen Wirkstoff abgetötet werden sollten, bezeichnet man als Persistenz.

DAS BRINGT PUNKTE

Im Bereich „**Bakterienphysiologie**" ist es wissenswert, dass
- Bakterien bestimmte Ansprüche in Bezug auf pH, Temperatur und Sauerstoffgehalt an ihr Nährmedium stellen,
- für obligat aerobe Bakterien, die nur in Anwesenheit von Sauerstoff wachsen, die Abwesenheit von Sauerstoff tödlich ist,
- meist zwölf Stunden Bebrütungszeit ausreichen, um eine Kultur zu bewerten,
- die Reduplikationszeit von E. coli ca. 20 Minuten beträgt.

Zu den **Antibiotika** solltest du dir unbedingt merken, dass
- bakteriostatische Antibiotika die Vermehrung und das Wachstum von Bakterien hemmen.
- bakterizide Antibiotika Bakterien abtöten.
- Chloramphenicol die große (50S-)Untereinheit der Prokaryonten hemmt.
- Tetrazyclin an der kleinen (30S-)Untereinheit der Prokaryonten hemmend wirkt.
- Penicilline zu den β-Lactam-Antibiotika gehören. Sie hemmen die bakterielle Transpeptidase, die für die Quervernetzung der Mureineinheiten in der Zellwand zuständig ist.
- erworbene Resistenzen durch Mutationen entstehen. Sie können durch Plasmide verbreitet werden.
- natürliche Resistenzen ihren Ursprung in charakteristischen Eigenschaften von Bakterien (keine Zellwand = unempfindlich gegen Penicillin) haben.

FÜRS MÜNDLICHE

Die folgenden Prüfungsfragen solltest du dir nicht nur bis zum Examen merken, denn Antibiotika und MRSA werden dir bei deiner späteren ärztlichen Tätigkeit immer wieder über den Weg laufen.

1. Kennen Sie den Wirkmechanismus von β-Lactam-Antibiotika?
2. Kennen Sie Antibiotika, die an bakteriellen Ribosomen ansetzen?
3. Erläutern Sie die Abkürzung MRSA.

1. Kennen Sie den Wirkmechanismus von β-Lactam-Antibiotika?
β-Lactam-Antibiotika wie Penicilline greifen an der Zellwand der Bakterien an. Ihre Wirkung besteht in der Hemmung der Transpeptidase, eines bakteriellen Enzyms, das für die Quervernetzung der Mureineinheiten in der Zellwand zuständig ist. Am empfindlichsten sind Bakterien, die eine dicke Zellwand aufweisen, also grampositive Bakterien.

2. Kennen Sie Antibiotika, die an bakteriellen Ribosomen ansetzen?
Das Antibiotikum Chloramphenicol hemmt die große (50S-)Untereinheit der prokaryontischen Ribosomen. Tetrazyclin hingegen wirkt an der kleinen (30S-)Untereinheit. Bei-

FÜRS MÜNDLICHE

de Antibiotika wirken somit selektiv an bakteriellen Ribosomen, die eukaryontischen (80S-)Ribosomen werden nicht beeinflusst. Es können jedoch Nebenwirkungen auftreten, da die (70S-)Ribosomen der Mitochondrien ebenfalls gehemmt werden.

3. Erläutern Sie die Abkürzung MRSA.
MRSA steht für „methicillinresistenter Staphylococcus aureus". Dabei handelt es sich um einen oft nosokomial übertragenen Keim, der aufgrund seiner Antibiotikaresistenzen schlecht therapierbar ist.

Pause

Läuft der Kopf schon heiß?
Etwas Abkühlung gefällig?
Kein Problem: Kurze Pause!

Mehr Cartoons unter www.medi-learn.de/cartoons

3.5 Bakterienklassifizierung

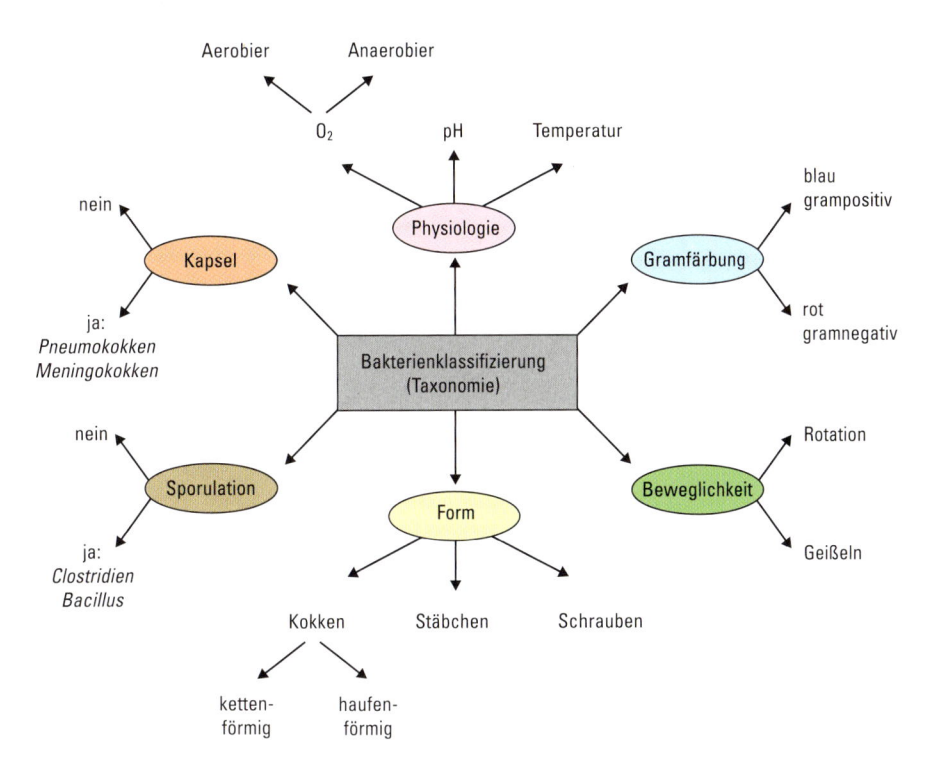

Abb. 17: Bakterienklassifizierung

medi-learn.de/6-bio2-17

3.5 Bakterienklassifizierung

Abb. 17, S. 37 fasst die Merkmale zusammen, mit denen man Bakterien klassifizieren kann. Diese Merkmale werden als taxonomische Merkmale bezeichnet.

In letzter Zeit wurden vermehrt einzelne Bakterienarten gefragt. Daher solltest du dich mit Tab. 15 a, S. 38 und Tab. 15 b, S. 39 intensiver beschäftigen.

Um auch dein visuelles Gedächtnis beim Lernprozess zu nutzen, ist jeweils eine Schemazeichnung des entsprechenden Bakteriums eingefügt. So lassen sich bereits auf einen Blick Besonderheiten erkennen:

- Die **Gramfärbung**: Ist das Bakterium ausgefüllt gezeichnet bedeutet das grampositiv, eine rote Schattierung bedeutet gramnegativ.
- Ist das Bakterium haufenförmig, in Kettenform oder als Zweierkombo dargestellt, handelt es sich um die morphologische Grundform (s. a. 3.2.1, S. 17), in der das Bakterium vorkommt.

Anstelle netter Schemazeichnungen oder Bilder eines Bakterienabstrichs wurden im Physikum zu diesem Thema auch gerne Textaufgaben gestellt:

Beispiel
Frage: Welche Bakterien stellen sich rund, in Haufen liegend, unbegeißelt und in der Gramfärbung blau dar?
Antwort/Kommentar: Da nach in Haufen liegenden, grampositiven, unbegeißelten Kokken gefragt wird, handelt es sich hier um Staphylokokken.
Wären die Kokken kettenförmig angeordnet, würde es sich um Streptokokken handeln. Der Zusatz „unbegeißelt" ist unnötig, da Kokken ausnahmslos keine Geißeln haben.

3 Allgemeine Mikrobiologie und Ökologie

Bakterium	Morphologische Schemazeichnung	Erläuterung zur Morphologie	Klinik (Auswahl)
Staphylokokken (S. aureus)		grampositive Kokken, haufenförmig angeordnet	Abszesse
Streptokokken		grampositive Kokken, fadenförmig angeordnet	Angina tonsillaris/ Scharlach
Pneumokokken		grampositive Kokken; Diplokokken mit Kapsel	Pneumonie (Impfstoff erhältlich)
Meningokokken (Neisserien)		gramnegative Kokken; Diplokokken mit Kapsel	Meningitis (Impfstoff erhältlich)
Bacillus anthracis		grampositive Stäbchen, Fähigkeit zur Sporulation	Milzbrand

Tab. 15 a: Prüfungsrelevante Bakterien

Frage: Kennen Sie ein Bakterium, das sich länglich darstellt, in der Gramfärbung rot erscheint und ringsherum begeißelt ist? Antwort: E. coli erfüllt die Kriterien, da es ein gramnegatives, peritrich begeißeltes Stäbchen ist.

3.6 Pilze

Pilze sind von medizinischem Interesse, weil sie einerseits Mykosen (Pilzbefälle von Haut und Schleimhäuten) verursachen und andererseits durch ihre Syntheseprodukte zu Vergiftungen führen können.

3.6 Pilze

Bakterium	Morphologische Schemazeichnung	Erläuterung zur Morphologie	Klinik (Auswahl)
Clostridien		grampositive Stäbchen, Fähigkeit zur Sporulation	Tetanus Botulismus (s. 3.3.3 Exkurs: Clostridienstämme auf Seite 31)
Mykobakterien		grampositive Stäbchen, säurefest, mit Kapsel	Tuberkulose
Escherichia coli (E. coli)		gramnegative Stäbchen, peritrich begeißelt	Harnwegsinfekte Wundinfekte
Helicobacter pylori		gramnegative Stäbchen (gekrümmt)	Magenulkus Magenkrebs
Treponema		gramnegative Schraubenform (Spirochätenform)	Syphilis (Lues)

Tab. 15 b: Prüfungsrelevante Bakterien

Übrigens …
Pilzerkrankungen gehören oft zu den opportunistischen Erkrankungen. Das bedeutet, dass sie erst im Zuge einer anderen Infektion manifest werden. Ein klinisches Beispiel: Eine Pilzbesiedelung des Mundraums (Soor) wird bei einem gesunden Menschen nur äußerst selten beobachtet, aber bei einem Aids-Kranken (mit geschwächtem Immunsystem) ist sie relativ häufig.

Aufgrund dieser medizinischen Relevanz beschäftigen wir uns nun etwas genauer mit den Pilzen:

Pilze haben eine **Zellmembran** und eine **Zellwand**. Die Zellmembran besteht wie jede Biomembran aus einer Lipiddoppelschicht. Ein wichtiger Unterschied zu menschlichen Membranen ist aber, dass anstelle des Cholesterins das Steroid **Ergosterol** vorkommt. Die Zellwand wird von diversen Proteinen und Polysacchariden wie **Chitin** und Glukanen gebildet.

3 Allgemeine Mikrobiologie und Ökologie

Wie ernähren sich Pilze? Da sie kein Chlorophyll besitzen, sind sie nicht zur Photosynthese fähig. Pilze beziehen ihre Energie aus dem Abbau organischer Verbindungen. Diesen Energiegewinnungstyp bezeichnet man als heterotroph (s. Ökologie ab Seite 47).

> **Merke!**
>
> Pilze sind Eukaryonten.

Klassifiziert man die Pilze anhand ihres Aussehens, so lassen sich zwei morphologische Grundformen unterscheiden, die du für das Physikum kennen solltest:
Sprosspilze und Fadenpilze.

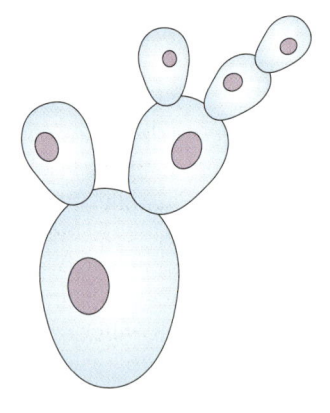

Abb. 18: Sprosspilze (z. B. Candida albicans)

medi-learn.de/6-bio2-18

3.6.1 Sprosspilze

Sprosspilze sind Einzeller, die sich durch **Sprossung** vermehren. Das ist ein Vorgang, bei dem sich die Zellmembran ausstülpt und ein Tochterkern in diese Zellausbuchtung wandert. Wird diese Ausstülpung ganz abgetrennt, sind zwei Pilzzellen entstanden; bleibt eine Verbindung bestehen, spricht man von einem **Pseudomycel**.

3.6.2 Fadenpilze

Fadenpilze bilden röhrenartige Strukturen aus, wobei die einzelnen Zellen miteinander verbunden sind. Eine Zelle bezeichnet man als **Hyphe**, mehrere zusammengelagerte als **Mycel**.

> **Merke!**
>
> Fadenpilze vermehren sich durch **Sporenbildung**. Das darf man nicht mit der bakteriellen Sporenbildung verwechseln, bei der resistente Dauerformen entstehen (s. 3.2.10, S. 30).

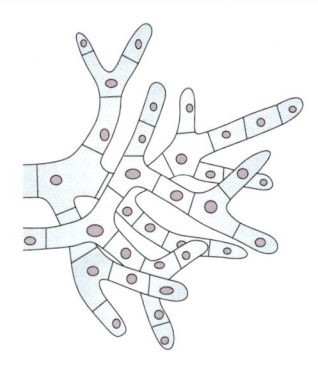

Abb. 19: Fadenpilze (z. B. Aspergillus)

medi-learn.de/6-bio2-19

3.6.3 Antimykotika

Antimykotika wirken meist am Ergosterol. Eine recht elegante Lösung, wenn man bedenkt, dass menschliche Zellen kein Ergosterol besitzen. Folgende Stoffklassen solltest du kennen:
- **Azole** (Imidazol) hemmen die Ergosterolsynthese und wirken somit fungistatisch.
- **Polyene** (Amphotericin B) binden an das Ergosterol in der Pilzzellmembran. Sie bilden durch Seit-zu-Seit-Interaktion kleine Poren, durch die die Membran instabil wird (fungizide Wirkung). Leider binden Polyene auch zu einem geringen Prozentsatz an menschliches Cholesterin (aufgrund der Ähnlichkeit zu Ergosterol) und es können somit starke Nebenwirkungen auftreten.
- **Griseofulvin** hemmt die Chitinbiosynthese. Es wird bevorzugt in keratinhaltiges Gewebe eingelagert und eignet sich daher gut zur Therapie von Nagelpilzen.

> **Übrigens …**
> Die Anti-Pilz-Salbe Canesten® kennst du wahrscheinlich. Der darin enthaltene Wirkstoff ist ein Azol und der Wirkmechanismus folglich die Hemmung der Ergosterolsynthese.

3.6.4 Pilztoxine

Tab. 16 gibt einen Überblick über die prüfungsrelevanten Pilze und ihre Mykotoxine. Diese Gifte zu lernen, lohnt sich gleich zweifach, da sie nicht nur für das Physikum, sondern auch für die Klinik wichtig sind.

3.7 Viren

In diesem Kapitel besprechen wir Viren, Viroide und Prionen. Im schriftlichen Examen wird besonders der morphologische Aufbau der Viren geprüft. Spezifische Eigenschaften von Bakteriophagen und Retroviren sind ebenfalls gern gefragter Stoff. Steigen wir aber zunächst mit einigen allgemeinen Aussagen in die Virologie ein: Viren sind sehr kleine **subzelluläre** Gebilde. Ihre durchschnittliche Größe beträgt 0,1 Mikrometer, daher sind sie mit dem Lichtmikroskop (max. Auflösungsbereich 0,25 Mikrometer) nicht zu beobachten. Eine der Besonderheiten von Viren ist, dass sie keinen eigenen Stoffwechsel haben. Deshalb sind sie echte **Parasiten**, die einen Wirtsorganismus benötigen. Sie schleusen ihre genetische Information ein, integrieren sie ins Wirtsgenom und nutzen den fremden Syntheseapparat, um sich zu vermehren.

> **Merke!**
> Die virale Vermehrung findet NICHT als Zellteilung statt, sondern durch Zusammenlagerung (Assembly) einzelner viraler Molekülkomponenten.

3.7.1 Aufbau

Aus welchen Komponenten besteht ein Virus?

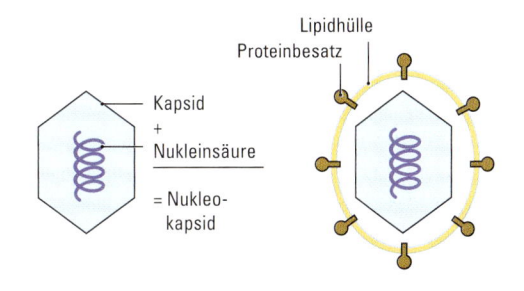

Abb. 20: Virusaufbau *medi-learn.de/6-bio2-20*

Das virale Genom besteht entweder aus RNA oder aus DNA. Da nie beide Nukleinsäuren vorkommen, benutzt man die Art der Nukleinsäure auch als Klassifizierungsmerkmal. Man unterteilt die Viren somit in **RNA-Viren** und **DNA-Viren**. Das Genom ist dabei stets durch ein Kapsid (Proteine) geschützt.

> **Merke!**
> Kapsid und Genom zusammen bezeichnet man als Nukleokapsid.

Pilz	Mykotoxin	Wirkung
Aspergillus **fla**vus (ein Schimmelpilz)	**Afla**toxine	Aflatoxine sind hitzeresistent und stark leberkanzerogen.
Amanita phalloides (Knollenblätterpilz)	α-Amanitin	Das Gift hemmt eukaryontische RNA-Polymerasen, ist also ein Transkriptionshemmer.
Claviceps purpurea (Mutterkorn)	Ergotamin	Ergotamin ist ein Halluzinogen.
Penicillium notatum (ein Schimmelpilz)	Penicillin	Angriff auf die Zellwand (s. 3.4.2, S. 33)

Tab. 16: Physikumsrelevante Pilze und Mykotoxine

Manche Viren haben außerdem noch eine **Hülle** (Envelope), die dem Kapsid aufgelagert ist. Diese Lipidhülle geht aus der Membran derjenigen Zelle hervor, die vom Virus befallen wurde.

3.7.2 Vermehrungszyklus

Der virale Befall von Wirtsorganismen folgt einem festgelegten Schema:
1. **Adsorption:** Dieser Vorgang bezeichnet die Anheftung des Virus an Rezeptoren der Wirtszelle.
2. **Penetration:** Darunter versteht man die Aufnahme des Nukleokapsids und einiger viraler Enzyme in die Wirtszelle.
3. **Uncoating:** Nun wird das Nukleokapsid in die Nukleinsäure und das Kapsid zerlegt. Das Kapsid wird weiter abgebaut und die Nukleinsäure in das Wirtsgenom integriert.
4. **Protein- und Nukleinsäuresynthesephase:** Im Laufe dieser Phase wird die genetische Information durch den Wirt repliziert und transkribiert. Dadurch entstehen die viralen Nukleinsäuren (RNA oder DNA) und virale mRNA. Die virale mRNA wird translatiert, und es entstehen virale Proteine, die für den Aufbau neuer Viren benötigt werden.
5. **Virusreifung:** Zu guter Letzt werden noch die einzelnen viralen Komponenten zusammengesetzt.
6. **Freisetzung:** Die fertigen Viren verlassen die Zellen dann auf unterschiedlichen Wegen:
– **Knospung:** Manche Viruspartikel (nicht alle!) nehmen jeweils ein Stück Zellmembran mit. Die Membran bezeichnet man auch als (Virus-)Hülle. Dieser Freisetzungsvorgang ist in Abb. 21, S. 42 dargestellt.
– **Lyse:** Die Wirtszelle wird zerstört, die Viruspartikel verlassen gleichzeitig die Zelle. Diese besonders aggressive Form der Virusfreisetzung kennzeichnet meist solche Erreger, die einen akuten Krankheitsverlauf verursachen.
– **Exozytose:** Eine „sanfte" Form der Virusfreisetzung über normale Exozytosevorgänge.

> **Merke!**
>
> Die Virushülle leitet sich von der Wirtszellmembran ab.

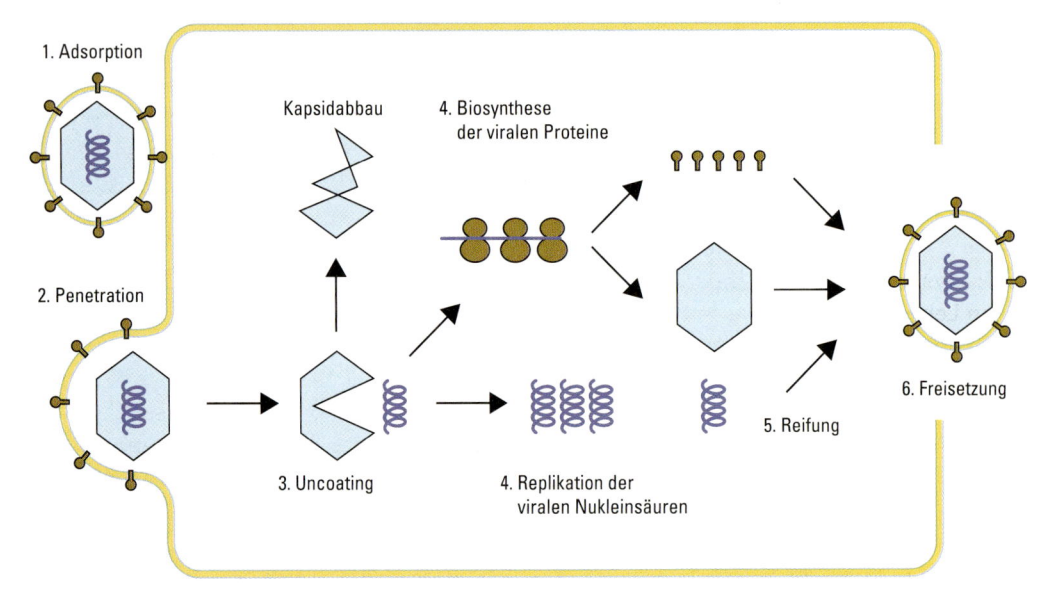

Abb. 21: Vermehrung von Viren

medi-learn.de/6-bio2-21

3.7.3 Virenklassifikation

Viren werden nach ihrer Behüllung und ihrem Genom klassifiziert. Man unterscheidet
- behüllte und unbehüllte Viren,
- RNA/DNA-Genom,
- einzelsträngige (single stranded = ss) und doppelsträngige (double stranded = ds) Genome.

Bislang genügte es, im Physikum über die Klassifikation der Grippeviren Bescheid zu wissen: Grippeviren (Influenzaviren) gehören zu den **behüllten ss-RNA-Viren**. Es sind Orthomyxoviren mit einem **segmentierten Genom**. Die Influenzaviren A und B besitzen acht RNA-Moleküle. Jedes dieser Moleküle codiert für ein einzelnes virales Protein. Hiervon sind zwei Proteine in der Lipidhülle – das **Hämagglutinin** (H) und eine **Neuraminidase** (N) – auch für die Typisierung der Grippeviren entscheidend.

> **Übrigens ...**
> Die im Jahr 2009 aufgetretene „Schweinegrippe" hatte z. B. die Typisierung **H1N1**.

3.7.4 Bakteriophagen

Viren, die an spezifische Rezeptoren auf einer Bakterienoberfläche binden und daraufhin ihre virale DNA injizieren, nennt man Bakteriophagen oder kurz: Phagen.
Diese Viren werden weiter unterteilt in
- **temperente** Phagen und
- **virulente** Phagen.

Während virulente Phagen die Wirtszelle zerstören (lysieren), lassen temperente Phagen sie am Leben. Manche Bakterien sind stumm mit einem Phagen infiziert. Den Besitz eines solchen induzierbaren Prophagen nennt man **Lysogenie**.

3.7.5 Retroviren (RNA-Viren)

Alle Retroviren besitzen als Nukleinsäure RNA. Diese kann daher nicht direkt in das Wirtsgenom (DNA) integriert werden, sondern muss erst in DNA umgeschrieben werden. Zu diesem Zweck besitzen Retroviren das Enzym **reverse Transkriptase**, das eine RNA-abhängige DNA-Synthese durchführen kann. Bekanntester Vertreter dieser Viren ist das **HI-Virus** (human immunodeficiency virus). HI-Viren befallen vorwiegend T-Helferzellen. Der Grund dafür ist relativ einfach: Das Virus bindet an spezifische Rezeptoren (CD 4), die fast nur auf T-Helferzellen zu finden sind. Durch den fortschreitenden Ausfall der T-Lymphozyten entsteht das Vollbild Aids (acquired immune deficiency syndrome).

> **Übrigens ...**
> Die reverse Transkriptase wird auch in der Gentechnik verwendet. Man kann mit Hilfe des Enzyms eine DNA-Kopie einer mRNA anfertigen. Diese nennt man cDNA (copyDNA). Die cDNA kann nun über einen Vektor (Überträger) in ein Bakteriengenom überführt werden und zur gentechnischen Synthese von Proteinen dienen.

3.7.6 Viroide

Viroide sind kleine, zirkulär geschlossene RNA-Elemente. Sie liegen nackt vor, d. h. sie haben weder Kapsid noch Hülle. Wie Viren werden sie daher vom Wirtsorganismus vermehrt. Viroide gelten als Erreger von Pflanzenkrankheiten.

> **Merke!**
> Viroide sind KEINE „Defektmutanten" von Viren.

3.7.7 Prionen

Prionen sind infektiöse Eiweißpartikel (Proteine), bei denen sich keine Nukleinsäuren nachweisen lassen. Sie gelten als Auslöser der Creutzfeldt-Jakob-Krankheit.
Im Tierreich lösen Prionen bei Schafen die Krankheit Scrapie und bei Rindern die bovine spongioforme Enzephalopathie (BSE) aus.

DAS BRINGT PUNKTE

Aus den Bereichen „**Pilze**" und „**Viren**" gibt es einige wichtige Punktebringer:
- Pilze sind heterotrophe Eukaryonten, die sich durch Sporenbildung vermehren.
- Pilze können Mykosen und Vergiftungen hervorrufen.
- Der Schimmelpilz Aspergillus flavus produziert stark leberkanzerogene Aflatoxine.
- Viren bestehen aus einer Nukleinsäure (RNA oder DNA) und Proteinen. Fakultativ kann noch eine aus der Wirtsmembran abgeleitete Hülle vorhanden sein.
- Viren besitzen keinen eigenen Stoffwechsel und sind somit Parasiten.
- Viren können ihre Wirtszelle über verschiedene Wege verlassen: Knospung, Exozytose oder Lyse.
- Bakteriophagen sind bakterienspezifische Viren.
- Retroviren besitzen als Nukleinsäure RNA und benötigen deshalb das Enzym reverse Transkriptase.
- Prionen sind „nackte" Eiweißpartikel. Sie lösen z. B. BSE aus.

FÜRS MÜNDLICHE

Nach den Bakterien folgen nun die Viren. Eine Vertiefung der Thematik z. B. in deiner Lerngruppe lohnt sich, denn Viren werden gerne abgefragt.

1. **Erläutern Sie bitte den Vermehrungszyklus von Viren.**
2. **Was wissen Sie über Retroviren?**
3. **Was ist das Besondere an Bakteriophagen?**
4. **Was können Sie zu Prionen sagen?**
5. **Können Sie mir ein wenig über die humanpathogenen Eigenschaften von E.coli erzählen?**

---

1. Erläutern Sie bitte den Vermehrungszyklus von Viren.
Zunächst heftet sich das Virus an Rezeptoren der Wirtszelle an. Diesen Vorgang bezeichnet man als Adsorption. Nun folgt die Penetration, durch die das Virus in die Zelle gelangt. Beim Uncoating wird das Nukleokapsid in die Nukleinsäure und das Kapsid zerlegt. Die Nukleinsäure kann in das Genom eingebaut werden, und das Kapsid wird abgebaut.
Es folgt eine Phase der Protein- und Nukleinsäuresynthese. Die virale genetische Information wird durch den Wirt repliziert und transkribiert. Es entstehen virale Nukleinsäuren und virale mRNA, die translatiert wird. Die so entstehenden viralen Proteine und Nukleinsäuren werden für den Aufbau neuer Viren benötigt. Am Ende werden die einzelnen viralen Komponenten zusammengesetzt. Die fertigen Viren können die Zelle durch Knospung oder Zerstörung der Wirtszelle verlassen.

2. Was wissen Sie über Retroviren?
Retroviren besitzen die Nukleinsäure RNA. Da diese nicht direkt in das Wirtsgenom integriert werden kann (das geht nur mit DNA),

FÜRS MÜNDLICHE

besitzen Retroviren ein spezielles Enzym: die reverse Transkriptase. Diese kann eine RNA-abhängige DNA-Synthese durchführen. Bekanntester Vertreter der Retroviren ist das HI-Virus.

3. Was ist das Besondere an Bakteriophagen?
Bakteriophagen sind Viren, die Bakterien befallen. Sie binden an spezifische Rezeptoren auf einer Bakterienoberfläche; daraufhin injizieren sie ihre virale DNA in das Bakterium.

4. Was können Sie zu Prionen sagen?
Prionen sind infektiöse Eiweißpartikel. Es lassen sich keine Nukleinsäuren nachweisen. Prionen gelten als Auslöser der Creutzfeldt-Jakob-Krankheit und von BSE.

5. Können Sie mir ein wenig über die humanpathogenen Eigenschaften von E.coli erzählen?
Escherichia coli ist ein gramnegatives, peritrich begeißeltes Stäbchenbakterium. Es kommt normalerweise bei uns im Darm vor. Daher dient es z. B. bei der Qualitätsüberprüfung von Trinkwasser als sogenannter Fäkalindikator. Es gibt eine Reihe von humanpathogenen Stämmen. Diese sind u. a. für Harnwegsinfektionen verantwortlich, können aber auch Wundinfekte auslösen.

Pause

Viren! Ein gängiges Problem ...
Einmal kurz durchatmen und entspannen!

Mehr Cartoons unter www.medi-learn.de/cartoons

Ein besonderer Berufsstand braucht besondere Finanzberatung.

Als einzige heilberufespezifische Finanz- und Wirtschaftsberatung in Deutschland bieten wir Ihnen seit Jahrzehnten Lösungen und Services auf höchstem Niveau. Immer ausgerichtet an Ihrem ganz besonderen Bedarf – damit Sie den Rücken frei haben für Ihre anspruchsvolle Arbeit.

- Services und Produktlösungen vom Studium bis zur Niederlassung
- Berufliche und private Finanzplanung
- Beratung zu und Vermittlung von Altersvorsorge, Versicherungen, Finanzierungen, Kapitalanlagen
- Niederlassungsplanung & Praxisvermittlung
- Betriebswirtschaftliche Beratung

Lassen Sie sich beraten!
Nähere Informationen und unseren Repräsentanten vor Ort finden Sie im Internet unter
www.aerzte-finanz.de

Deutsche Ärzte Finanz

Standesgemäße Finanz- und Wirtschaftsberatung

3.8 Ökologie

Steigen wir nun in das letzte Kapitel dieses Skripts ein: die Ökologie. Zu diesem Themenbereich wurden in letzter Zeit kaum Fragen gestellt, daher beschränken wir uns auf die absolut wichtigsten Fakten und eine Doppelseite.

3.8.1 Symbiose

Mit Symbiose bezeichnet man eine Form des Zusammenlebens, die **für beide Partner von Nutzen** ist. Ein wichtiges Beispiel sind unsere Darmbakterien (E. coli): Sie verdauen die für den Menschen unbrauchbare Zellulose und liefern uns dafür wichtige Vitamine, die wir über die Darmschleimhaut aufnehmen. Der Dickdarm hat die höchste Bakteriendichte des menschlichen Körpers.

3.8.2 Kommensalismus

Unter Kommensalismus (Tischgemeinschaft) versteht man eine friedliche Koexistenz. Im Tierreich kann man z. B. Löwen und Fliegen als kommensalisch bezeichnen, wenn sie zusammen einen Elefanten verspeisen. Ein anderes Beispiel ist die Hautflora des menschlichen Körpers, die viele kommensale Keime aufweist. Diese Keime ernähren sich von unseren Hautabschilferungen und Talgablagerungen. Von gegenseitigem Nutzen kann man nicht sprechen, sonst wäre es eine symbiotische Beziehung.

> **Übrigens ...**
> Im Wort Kommensalismus steckt das Wort **Mensa**, und das ist sicherlich jedem bekannt ...

3.8.3 Parasitismus

Mit Parasitismus (Schmarotzertum) bezeichnet man eine Beziehung, bei der ein Partner den anderen schädigt und sich auf dessen Kosten einen Vorteil verschafft. Beginnen wir auch hier mit einem Beispiel aus dem Tierreich: Ein Kuckuck legt seine Eier in fremde Nester und überlässt das Brüten und die Brutpflege anderen Tieren, deren eigene Jungen dafür zum Wohle des Kuckucks sterben müssen. Parasiten des Menschen sind z. B. Viren. Sie sind obligat intrazelluläre Parasiten, die den Wirtsorganismus nutzen, um sich zu vermehren, und ihn dadurch schädigen

> **Übrigens ...**
> Neben den Viren sind auch die Bakterienarten Rickettsien und Chlamydien intrazelluläre Parasiten.

3.8.4 Die Nahrungskette

Von allen Stoffkreisläufen in der Biologie ist nur die Nahrungskette prüfungsrelevant. Bevor wir gleich die Nahrungskette näher beleuchten, vorweg noch zwei wichtige Definitionen:
- **Autotrophe** Organismen leiten ihre Energie primär aus dem Sonnenlicht oder aus anorganischen Substraten ab. Sie sind damit nicht auf die Aufnahme von anderen organischen Substraten angewiesen.
- **Heterotroph** sind solche Organismen, die ihre Energie aus dem Abbau organischer Substanzen beziehen.

Im Prinzip sind heterotrophe Organismen also auf die „Aufnahme" anderer Organismen angewiesen, während autotrophe Lebensformen ihre Energie selber – ohne die Aufnahme organischer Substanzen – herstellen können.

3 Allgemeine Mikrobiologie und Ökologie

Wir Menschen sind heterotroph. Manch einer behauptet zwar, er bekäme Energie durch ein Sonnenbad. Satt geworden ist davon aber noch keiner …

Autotrophe Organismen sind z. B. grüne Pflanzen, die ihr Chlorophyll zur Photosynthese nutzen.

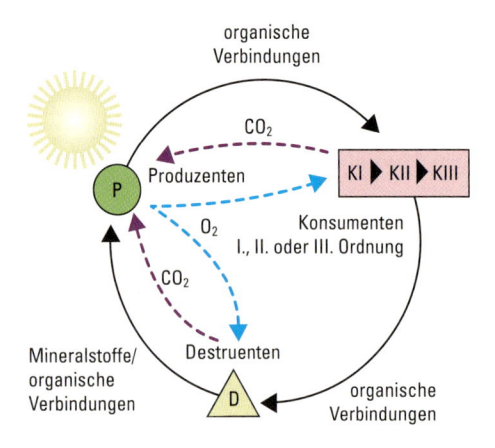

Abb. 22: Nahrungskette *medi-learn.de/6-bio2-22*

So, jetzt geht's zum Endspurt mit der Nahrungskette: Eine Nahrungskette beginnt mit autotrophen **Produzenten** = grünen Pflanzen, die zur Photosynthese befähigt sind. Diese werden von pflanzenfressenden Tieren (Herbivoren) verspeist, die ihrerseits Nahrungsgrundlage für fleischfressende Tiere (Karnivoren) sind. Herbivoren und Karnivoren werden als primäre und sekundäre **Konsumenten** bezeichnet. Tertiärkonsumenten sind Karnivoren, die sich von schwächeren Karnivoren ernähren. Geschlossen wird der Stoffkreislauf durch die **Destruenten** (Mikroorganismen: Bakterien, Pilze …). Diese verwerten tote Produzenten und Konsumenten und stellen die entstehenden Mineralstoffe dem Stoffkreislauf erneut zur Verfügung.

> **Merke!**
>
> Konsumenten und Destruenten sind heterotroph.

Abbau/Anreicherung von Schadstoffen

Am Abbau organischer Substanzen sind Mikroorganismen beteiligt. So können etwa in Gewässern natürliche Verschmutzungen (z. B. Fäkalien) durch sauerstoffverbrauchende Bakterien abgebaut werden. Dabei spricht man von der Selbstreinigung eines Gewässers. Solche Bakterien macht man sich auch in Kläranlagen zunutze. Dabei entstehen unter aerober und anaerober Zersetzung typischerweise folgende Gase:

aerob: CO_2 (Kohlendioxid)
anaerob: CH_4 (Methan),
H_2S (Schwefelwasserstoff)

Schwermetalle wie Quecksilber können nicht durch Bakterien abgebaut werden. Folglich reichern sich solche Substanzen über die Nahrungskette an und belasten am Ende den Menschen …

DAS BRINGT PUNKTE

Folgende Fakten solltest du dir zur **Ökologie** unbedingt merken:
- Die Definitionen von Symbiose, Kommensalismus und Parasitismus (s. Fürs Mündliche).
- Heterotrophe Lebewesen gewinnen ihre Energie aus dem Abbau organischer Substanzen.
- Autotrophe Organismen gewinnen ihre Energie aus dem Sonnenlicht durch Photosynthese oder durch andere anorganischen Substrate.
- Eine Nahrungskette besteht aus Produzenten, Konsumenten und Destruenten.
- Konsumenten und Destruenten sind heterotroph.

FÜRS MÜNDLICHE

Zu guter Letzt ein einfacher Themenkomplex, sozusagen aus dem Leben gegriffen und daher gut zu merken:

1. **Welche Arten des Zusammenlebens von Lebewesen kennen Sie?**

---

1. Welche Arten des Zusammenlebens von Lebewesen kennen Sie?
Man unterscheidet Symbiose, Kommensalismus und Parasitismus.
- Bei der Symbiose ist die Form des Zusammenlebens für beide Partner von Vorteil.
- Unter Kommensalismus versteht man eine Tischgemeinschaft mit friedlicher Koexistenz.
- Als Parasitismus bezeichnet man eine Beziehung, bei der ein Partner den anderen schädigt und sich auf dessen Kosten einen Vorteil verschafft.

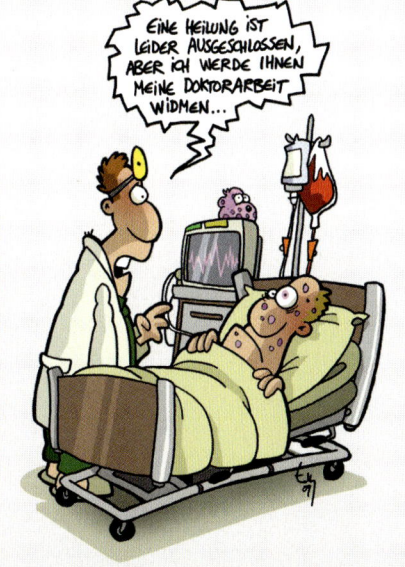

Pause

Geschafft!
Jetzt kann gekreuzt werden.

Index

A
AB0-System 3, 14
ABC (ATP-Binding-Cassette)-Transporter 12
Acetylcholin 31
Adsorption 42
Aflatoxin 41, 44
Agar 31
Agglutination 4
AIDS (Acquired Immune Deficiency Syndrome) 39
Albinismus 12
Allel 1, 14
Allelie, multiple 1
α-Amanitin 41
Amphotericin B 40
Angelman-Syndrom 2
Antibiotikaresistenz 19
Antibiotikum 32, 35
Antimykotika 40
Antizipation 2
Aspergillus flavus 41, 44
Assembly 41
Azol 40

B
Bacillus anthracis 30, 38
Bakterienklassifizierung 37
Bakterienphysiologie 31, 35
– Clostridienstämme 31
– Nährmedium 31
– Verhalten gegenüber Sauerstoff 31
Bakteriophage 19, 20, 43, 45
bakteriostatisch 32
bakterizid 32
Belastungsgrenzwert 11
blunt ends 21
Blutgruppensystem
– AB0 3
– MN 6
– Rhesus 5
Botulinumtoxin 31
BSE 44, 45

C
Carbolfuchsin 25
CD 4 43
CFTR-Kanal 12
Chitin 39
Chlamydien 27
Chloramphenicol 32
Chlorophyll 48
Cholesterin 24
Chorea Huntington 2
Clostridienstämme 31
– Clostridium botulinum 31
– Clostridium difficile 32
– Clostridium perfringens 32
– Clostridium tetani 32
Codominanz 1
Creutzfeldt-Jakob-Krankheit 43

D
Destruent 48, 49
Disomie, uniparentale 2
cDNA 43
DNA-Viren 41
Dominanz 1

E
Endotoxin 26
Envelope 42
Ergosterol 39
Ergotamin 41
Escherichia coli 39
Eukaryont 17
Exozytose 42
Expressivität 1

F
Farbenblindheit 9
Fertilitätsfaktor 22
F-Faktoren 19
Filialgeneration 2
Fimbrie 30
Flagellin 30
fungistatisch 32
fungizid 32

G
Gasbrand 32

Geißeln 30
Generationszeit 27
Genlokus 1
Genom
– segmentiertes 43
– virales 41
Genotyp 1
Gentianaviolett 25
Gewässer 48
Glykokalix 3, 14
Gramfärbung 25, 37
Griseofulvin 40

H
Haftpilus 30
Hämagglutinin 43
Hämolyse 5
Hämophilie 9
– A 9
– B 9
H-Antigen 30
Hardy-Weinberg-Gesetz 10
Helicobacter pylori 32, 39
Herbivore 48
Heterogenie 1
HI-Virus (human immunodeficiency virus) 43, 45
Hypercholesterinämie, familiäre Typ IIa 11
Hyphe 40

I
Imidazol 40
Imprinting, genomisches 2

K
Kapsel 27
Kapsid 41
Karnivore 48
Kernäquivalent 17, 22
Knollenblätterpilz 41
Knospung 42
Kohlendioxid 48
Kokkus 18
Kolonie 31
Kommensalismus 47, 49
Konduktorin 8
Konjugation 19, 20, 22

Konjugationspilus 19, 22, 30
Konsument 48, 49
Kopplungsgruppe 3
Kreuzschemata 2

L
β-Lactam-Antibiotika 33, 35
β-Lactamase 33
Lektine 4
L-Form 26, 28
Lipopolysaccharid 26
Lipoteichonsäure 26
Lyse 42
Lysogenie 43
Lysozym 24

M
Malaria 12
Melanin 12
– Eumelanin 12
– Phäomelanin 12
Mendel-Gesetze 2
– Spaltungsgesetz 3
– Unabhängigkeitsgesetz 3
– Uniformitätsgesetz 2
Meningokokkus 38
Methan 48
Mikroelement 31
Milzbrandsporen 30
Morbus hämolyticus neonatorum 6
MRSA 33, 36
Mukoviszidose 12
Murein 24
Mureinsacculus 28
Muskeldystrophie, myotone 2
Mutation 11
– Loss/Gain of Function 11
– Pseudogen 11
– Punktmutation 12
– Rasterschubmutation (Frameshift) 13
– somatische 11
Mutterkorn 41
Mycel 40
Mykobakterie 27, 39
Mykoplasmen 26
Mykose 38

N
Nährmedium 31
Nahrungskette 47, 48
Neuraminidase 43
nosokomial 34
Nukleoid 18, 22
Nukleokapsid 41

O
Ökologie 47
Operon 18
Organismus
– autotropher 47
– heterotropher 47

P
Palindrom 21, 22
PAMPs (pathogen associated molecular patterns) 26
Parasexualität 19, 23
Parasitismus 47, 49
Parentalgeneration 2
Penetranz 1
Penetration 42
Penicillin 33, 41
Pepton 31
Persistenz 34
Phage
– temperent 43
– virulent 43
Phagozytose 27
Phänotyp 1
Phenylketonurie 10
Photosynthese 48
Pilz 38, 44
– Fadenpilz 40
– Pilztoxin 41
– Sprosspilz 40
Plasmid 19
Pleiotropie 1
Pneumokokkus 38
polycistronisch 19
Polyene 40
Populationsgenetik 10
Prader-Willi-Syndrom 2
Prionen 43, 45
Produzent 48

Prokaryont 17
Promotorbereich 11
PRRs (pattern recognition receptors) 26
Pseudodominanz 7
Pseudogen 11
pyrogen 26

R
Reduplikationszeit 35
Resistenz 33
– erworbene 33
– natürliche 33
Resistenzfaktor 22
Restriktionsendonuklease 20
Retrovirus 43
R-Faktoren 19
reverse Transkriptase 43
Rezessivität 1
Rhesus-Blutgruppensystem 5
Ribosomen 20
– 70S-Ribosomen 17, 20
– 80S-Ribosomen 17, 20
– bakterielle 20
– eukaryontische 20
– prokaryontische 20
RNA-Virus 41

S
Schadstoff 48
– Selbstreinigung 48
Schraubenbakterium 30
Schraubenform 18
Schwefelwasserstoff 48
Schweinegrippe 43
Sedimentationskoeffizient 20
Sexpilus 19
Sichelzellanämie 12
Skorbut 12
SNARE-Protein 32
Soor 39
Spaltungsgesetz 15
Sporen, bakterielle 30
Sporulation 30
Sprossung 40
Stäbchenform 18
Stammbaum 9
Staphylokokkus 17, 38

sticky ends 21
Stoppcodon 12
Streptokokkus 17, 38
Symbiose 47, 49
Synaptobrevin 32

T
Teichonsäure 26
Tetanustoxin 32
Tetrazyclin 33
Toll-Like-Rezeptor 26
Transduktion 19, 22, 23
Transformation 19, 22, 23
Transpeptidase 33
Transposons (springende Gene) 20
Treponema 39
Tyrosinase 12

U
Unabhängigkeitsgesetz 15
Uncoating 42
Uniformitätsgesetz 15

V
Vaterschaftstest 6
Vektor 43
Vererbungsgang
– autosomal-dominant 6
– autosomal-rezessiv 7
– bei Zwillingen 9
– gonosomal-dominant 8
– gonosomal-rezessiv 8
– mitochondrial 9
Viroid 43
Virulenzfaktor 19
Virus 41, 44
– Bakteriophagen 43
– Prione 43
– Retrovirus 43

– Vermehrungszyklus 42
– Virenklassifikation 43
– Viroid 43

W
Wirtsgenom 41
Wirtsorganismus 41

X
X-Chromosom 8
X-chromosomal 8

Z
Zellmembran 24
Zellulose 47
Zellwand 24
Zwillinge 9
– dizygotisch 9
– monozygotisch 9
Zytoplasma 20

Feedback

Deine Meinung ist gefragt!

Es ist erstaunlich, was das menschliche Gehirn an Informationen erfassen kann. Slbest wnen kilene Fleher in eenim Txet entlheatn snid, so knnsat du die eigneltchie lofnrmotian deoncnh vershteen – so wie in dsieem Text heir.

Wir heabn die Srkitpe mecrfhah sehr sogrtfältg güpreft, aber vilcheliet hat auch uesnr Girehn – so wie deenis grdaee – unbeswust Fheler übresehne. Um in der Zuuknft noch bsseer zu wrdeen, bttein wir dich dhear um deine Mtiilhfe.

Sag uns, was dir aufgefallen ist, ob wir Stolpersteine übersehen haben oder ggf. Formulierungen verbessern sollten. Darüber hinaus freuen wir uns natürlich auch über positive Rückmeldungen aus der Leserschaft.

Deine Mithilfe ist für uns sehr wertvoll und wir möchten dein Engagement belohnen: Unter allen Rückmeldungen verlosen wir einmal im Semester Fachbücher im Wert von 250 Euro. Die Gewinner werden auf der Webseite von MEDI-LEARN unter www.medi-learn.de bekannt gegeben.

Schick deine Rückmeldung einfach per E-Mail an support@medi-learn.de oder trag sie im Internet in ein spezielles Formular für Rückmeldungen ein, das du unter der folgenden Adresse findest:

www.medi-learn.de/rueckmeldungen